厉以宁 著

关于经济问题的通信

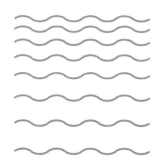

商务印书馆
The Commercial Press
创于1897

图书在版编目(CIP)数据

关于经济问题的通信/厉以宁著.—北京:商务印书馆,
2021(2022.6重印)

ISBN 978-7-100-19007-7

Ⅰ.①关… Ⅱ.①厉… Ⅲ.①西方经济学—高等
学校—教材 Ⅳ.①F0-08

中国版本图书馆 CIP 数据核字(2020)第 166244 号

关于经济问题的通信

厉以宁 著

商 务 印 书 馆 出 版
(北京王府井大街 36 号 邮政编码 100710)
商 务 印 书 馆 发 行
北 京 冠 中 印 刷 厂 印 刷
ISBN 978-7-100-19007-7

2021 年 12 月第 1 版 开本 880×1230 1/32
2022 年 6 月北京第 2 次印刷 印张 6⅛

定价:58.00 元

目　　录

第一封信
从现代西方经济理论的危机谈起

××同志:

很高兴地读了你的来信。从信中了解到,你目前正在努力学习经济学,读了一些经济学著作,并且在阅读过程中同周围的同志进行了讨论。你们这种勤于思考的精神是令人鼓舞的,这说明了经济学爱好者的队伍正在迅速扩大,说明了青年一代对我国社会主义经济建设前景的关心,对世界经济发展趋势的关心。

但从你的信中,我也隐隐约约地察觉到,你和你周围的同志对于现代西方资本主义国家的经济情况和现代西方经济学的本质还存在一些模糊的认识。比如说,在第二次世界大战结束以后的比较长的时期内,西方主要资本主义国家的经济曾经有过相对的稳定和较快的增长,以致国外不少人把这段时期称作"战后的黄金时代"。也许是受到"黄金时代"四个字的迷惑,你们开始怀疑了:60多年以前列宁在《帝国主义是资本主义的最高阶段》一书中关于帝国主义经济和政治的分析是不是过时了,不然的话,为什么会出现所谓"战后的黄金时代"呢?为什么某些资本主义国家在战后一段时间内能以较快的经济增长速度持续增长呢?正因为战后西方资本主义国家中有过这样一段经济相对稳定和较快增长的时期,所以也使你们产生了一种错觉,仿佛这一切应当归功于当代资产阶级经济理论,特别是应当归功于曾经作为战后资本主义国家经济政策指导思想的凯恩斯主义。于是，你们又这样提出问题：凯恩斯主义既然能够成为指导战后资本主义国家稳定经济和发展经济的经济理论，难道它不是科学的经济理论或基本上科学的经济理论吗？当代资产阶级经济学说，特别是凯恩斯主义，既然指导了战后西方国家的经济增长，为什么不可以成为发展中国家（包括像我们这样的发展中的社会主义国家）制定经济和社会发展战略的指导思想呢？我想，可能正是出于这种模糊的认识，才使你们得出另一个不正确的看法，即认为我国和其他发展中国家可以仿照西方主要的资本主义国家，走它们曾经走过的工业化、现代化道路，似乎发达资本主义国家经济增长的模式不仅是正确的，而且对我国和其他发展中国家也是适用的，甚至以为它们的昨天就是我们的今天，它们的今天就是我们的明天。

为什么你和你周围的青年同志会有这些模糊的、不正确的看法？我感到，很重要的一个原因是由于你们并不了解资本主义经济发展的历史，不了解西方经济学演变的历史，也不了解包括凯恩斯主义在内的当代资产阶级经济学说的实质，尤其是不了解战后资本主义国家采用凯恩斯主义的经济政策所造成的严重后果。所以我认为，如果你们真正懂得了当代西方经济学的实质，了解了资本主义经济发展的规律性，那么你们对于错综复杂的现代资本主义的社会经济现象也就有识别能力了。

上面这番话作为这封长信的开场白。下面，让我们一起对西方经济学的历史和现状以及它们面临的难题来进行一番考察吧。

（一）谈谈罗宾逊夫人的一篇著名演说：《经济理论的第二次危机》

1971 年 12 月，美国经济学协会举行第 84 届年会时，英国经济

学家罗宾逊夫人 ① 应邀到会，在会上以《经济理论的第二次危机》为题发表了一篇著名的演说。这篇演说在整个西方经济学界引起了很大反响。从此，西方经济理论"第二次危机"的说法便流行起来了。

罗宾逊夫人是这样提出问题的。她说，1929—1933 年间资本主义世界发生了空前严重的经济危机（通常称作"三十年代大危机"），这场危机使资产阶级惊慌失措，也使西方经济学界感到束手无策。为什么在资本主义国家中存在着这么多的失业人口？怎样才能使资本主义国家减少失业，使经济恢复常态？当时居于"正统"地位的资产阶级传统庸俗经济学对这些问题无法解答。要知道，传统的资产阶级庸俗经济学的基本理论是：资本主义经济本身是完善的，市场的自动调节可以使资本主义经济处于充分就业的均衡状态，全面的生产过剩不可能发生，资产阶级政府也就没有必要对经济进行干预。然而，事实是无情的，空前严重的 20 世纪 30 年代资本主义世界经济危机的爆发使传统庸俗经济理论陷于破产。为了挽救传统庸俗经济学的破产命运，在"正统派"的营垒中，有些经济学家出来辩解。例如，有人提出，造成失业的主要原因是工人要求的货币工资太高了，货币工资太高，哪个资本家愿意多雇工人呢？所以按照这些经济学家的看法，只要把货币工资降低，资本家就愿意增加雇工人数，失业现象就会消失了。有的经济学家则认为，造成这场经济灾难的主要责任在于货币流通数量的不正常的变动。在他们看来，货币流通数量的增加和减少决定着物价水平。经济繁荣时期，各行各业都在发展，私营银行扩大了放款，货币流通数量增加了，物价也随着上涨；但私营银行由于受到本身力量的限制和法律的限

---

① 　罗宾逊夫人，即琼·罗宾逊（Joan Robinson，1903—1983 年），英国剑桥大学教授，现代凯恩斯主义新剑桥学派的主要代表人物。著有《不完全竞争经济学》《就业理论引论》《资本积累论》等。

制，不可能一直扩大放款，所以，一旦私人银行紧缩信贷，货币流通数量减少了，物价就随之下跌，而物价的下跌使得工厂亏本，生产规模收缩，所以造成了大规模失业。但所有这些解释都被认为是不能令人满意的。持有不同见解的资产阶级经济学家之间就经济危机的原因和对策问题进行着一场混战。罗宾逊夫人把这种情况称为西方经济理论的"第一次危机"。

罗宾逊夫人接着说，西方经济理论"第一次危机"的结果，出现了凯恩斯的经济理论。凯恩斯是英国资产阶级经济学家，他在1936年出版的《就业、利息和货币通论》一书中提出了一套不同于传统资产阶级庸俗经济学的理论和政策主张。简单地说，凯恩斯认为，资本主义国家之所以存在着大量的失业者，这是由于社会的总需求不足或者"有效需求不足"，而社会的"有效需求不足"又是由于人们的某些心理活动所引起的。比如说，在凯恩斯看来，人们的收入增加以后，所增加的收入中被用于消费的部分所占的比重是逐渐减少的，被用于储蓄的部分所占的比重是逐渐增多的，于是随着收入的增加，消费支出在收入中的份额有下降的趋势，这样就引起消费需求的不足，也就是消费不足。又比如说，在凯恩斯看来，随着投资的增加，资本家对于新增加投资未来可能带来的盈利率的信心是不断减弱的，因为一方面，投资增加以后，对生产资料的需求将增大，从而生产资料的价格会上涨；另一方面，投资的增加意味着生产能力的增大，未来提供给市场的商品数量会增多，商品不像过去那样容易销售了，这样，预计的投资盈利率将是逐渐下降的，而预计的投资盈利率的下降将引起投资需求的不足，也就是投资不足。此外，凯恩斯还认为，人们总希望手头保存现钱，以备各种需要，如果把这些钱存入银行，那就不像保存在手头这样灵活，所以利息率要维持在一定的水平上，不可能很低，否则谁还愿意把手头的现钱存入银行呢？由于利息率要维持在一定的水平上，而预计的投资盈利率又逐渐下降，所以当人们考虑究竟是把货币用于储蓄还是把货币用于投资时，他们很可能减少对投资的兴趣，这样也引起投资需求不足，即投资不足。总之，在凯恩斯理论体系中，需求等于"消费需求"和"投资需求"的总和；由于上述的人们心理活动的结果，随着收入的增加，无论是"消费需求"还是"投资需求"都有下降的趋势，因此"有效需求不足"也就是不可避免的了。"有效需求不足"意味着供过于求，工厂生产出来的产品卖不出去，工厂不得不缩小生产规模，工人遭到解雇，失业者找不到工作。这就是凯恩斯对资本主义经济危机和失业的基本原因的分析。

　　凯恩斯的经济理论代表着当时开始流行于西方资本主义国家的一种国家干预主义的思潮，它同那种处于"正统"地位的资产阶级传统庸俗经济学所代表的经济自由主义思潮是对立的。经济自由主义认为，资本主义经济本身是完善的，没有必要进行国家干预；凯恩斯则认为，资本主义经济中的"有效需求不足"是经常性的、不可避免的，只有通过国家对经济的干预，才能使资本主义经济趋于稳定。西方经济学界通常所说的"凯恩斯革命"，就是指凯恩斯从经济理论和经济政策这两个方面对传统庸俗经济学说的反驳，并在这个基础上提出他自己的通过国家干预、刺激需求，以应付资本主义经济危机的对策。

　　罗宾逊夫人问道：凯恩斯的《就业、利息和货币通论》一书出版之后过了30多年，到20世纪60年代末和70年代初，西方经济学界又处于什么样的状况呢？她说，从西方经济学界的情况来看，一个显著的变化是，凯恩斯主义早就变成了"新正统"，成为主要资本主义国家制定经济政策的指导思想。从资本主义国家的经济状况来看，则发生了一个过去不曾有过的现象，这就是经济危机的深刻化和复杂化。通货膨胀与失业的并发，就是经济危机深刻化和复杂化的主要特征。以前，资本主义经济危机阶段，当社会上存在大量失业人口时，物价是下跌的；而在资本主义经济高涨阶段，市场繁荣，物价上涨，这时社会上的失业人数是减少的。通货膨胀与失业基本上不曾同时存在。然而从20世纪60年代末期起，情况不同了。资本主义经济中，一方面存在着严重的失业，另一方面物价不断上涨；一方面经济停滞，另一方面却是通货膨胀。凯恩斯主义对这种现象无法进行解释，奉行凯恩斯经济理论的人再搬用凯恩斯主张的那种刺激需求的做法，只会加剧通货膨胀，使经济状况进一步恶化，而不可能把失业率降低下来。凯恩斯主义被认为"失灵"了。这一事实在西方经济学界又引起了一场混战。罗宾逊夫人把这种情况称作西方经济理论的"第二次危机"。

罗宾逊夫人把她所说的西方经济理论的"第二次危机"同20世纪30年代的西方经济理论"第一次危机"相比较，得出了这样的看法。她说，西方经济理论之所以发生"第一次危机"，是由于处在"正统"地位的资产阶级经济学说（传统庸俗经济学）无法解释"就业水平"而引起的；西方经济理论之所以发生"第二次危机"，是由于处在"新正统"地位的资产阶级经济学说（凯恩斯主义）无法解释"就业内容"而引起的。怎样理解罗宾逊夫人的这段话呢？她的意思是说，20世纪30年代内，当资本主义国家发生大规模失业的时候，传统庸俗经济学仍然信奉资本主义经济可以通过市场调节自动达到充分就业均衡的理论，不能解释大规模失业是怎样发生的，这就是所谓对"就业水平"的高低不能给以回答；20世纪60年代末期，当资本主义国家发生通货膨胀与失业并发症的时候，凯恩斯主义的信奉者仍然把刺激需求等一套应付经济危机的做法当成法宝，而不了解无论是通货膨胀还是失业都是资本主义制度下的资源配置失调引起的问题，她所说的"就业内容"是指就业者在哪些部门中就业的问题，这个问题被认为是同社会的资源配置状况联系在一起的。

当然，以上只是对罗宾逊夫人关于西方经济理论"危机"的说法的字面上的解释。字面上的解释显然说明不了实质性问题。现在，让我们就罗宾逊夫人提出的"就业内容"或社会资源配置状况再做进一步分析。

（二）为什么罗宾逊夫人强调资本主义社会中资源配置问题的严重性？

首先应当指出，罗宾逊夫人提出的并被当前资产阶级经济学界一些人使用的所谓"第一次危机""第二次危机"等等说法，是不科学的。这个问题涉及对资产阶级经济学说的历史的评价。

我们知道，资产阶级古典政治经济学是资本主义上升时期的产物，也就是资产阶级和无产阶级之间的阶级斗争还没有充分展开的条件下的产物。资产阶级古典政治经济学家尽管有自己的阶级局限性，但他们能够把经济学作为向封建制度及其残余势力进行斗争的理论武器，能够在一定程度上揭露资本主义的某些矛盾，阐明资本主义社会经济现象的内在联系，因此他们的学说有一定的科学性。但从 19 世纪 30 年代起，随着英国资产阶级古典政治经济学家李嘉图学说的解体，原来就包含在资产阶级古典政治经济学中的庸俗成分（主要是把利己主义说成是人类的共同本性以及关于资本主义经济规律是永恒的自然规律等论点）日益突出，而其中的科学成分（例如劳动价值论以及关于工资和利润相互对立的见解）则被资产阶级看成是危险的东西而被抛弃。当资产阶级把对本阶级有利还是有害作为经济理论研究的唯一标准时，资产阶级古典政治经济学也就让位于资产阶级庸俗经济学了。如果说资产阶级经济理论出现危机的话，那么它早在19世纪30年代就已经开始。从那时以后，如果说资产阶级庸俗经济学中某一种学说由于不适应辩护的需要而被认为过时了，那只不过是19世纪30年代就已开始的资产阶级经济理论危机的延续而已。正是从这个意义上说，罗宾逊夫人关于西方经济理论的"第一次危机"和"第二次危机"的提法，是不符合资产阶级经济学说史的实际情况的。

但我们也应当看到，罗宾逊夫人的这些提法，多多少少也反映了20世纪以来资产阶级经济学说的变化，这就是，在20世纪30年代内，那种认为资本主义经济可以自动达到充分就业均衡的传统庸俗经济理论破产了，从20世纪60年代末期起，把国家干预和刺激需求作为制定经济政策的理论依据的凯恩斯主义也破产了。其实，凯恩斯主义同传统庸俗经济学在本质上是相同的，它也是庸俗的货色。凯恩斯主义掩盖了资本主义基本矛盾，美化了资本主义制度和垄断资产阶级国家机器，歪曲了资本主义经济危机的性质和原因。这种本来就没有科学性的凯恩斯主义的破产，是毫不奇怪的，只不过在20世纪60年代末期以前，资本主义国家中许多人还认不清凯恩斯经济学的实质，不了解凯恩斯主义经济政策可能造成的恶果。通货膨胀与失业并发症的爆发终于使得越来越多的人懂得了这一点。

至于罗宾逊夫人在谈到西方经济理论的"第二次危机"时提出的有关资本主义经济中资源配置失调的看法，则是更值得我们注意的。为什么在现代资本主义国家中，一方面有许多人失业，另一方面却有大量生产资料被闲置不用？失业不是意味着人力资源配置的失调吗？生产资料被闲置不用不是物质资源配置失调的表现吗？可见，所谓"就业内容"问题就是资源配置方面的问题。再说，为什么在现代资本主义国家中，在存在大量失业的同时，一些同人民生活水平的提高密切相关的部门却得不到发展，这些部门急需的资金和人力都得不到补充，而庞大的财政支出却被用于发展军事工业部门，用于新式武器的研究和制造？这又是资源配置方面的问题，因为部门的不平衡发展是资源配置失调的必然的结果。又比如说，为什么在现代资本主义国家中，一方面感到某些物质资源和人力资源供给的紧张，另一方面却毫不吝惜这些宝贵的物质资源和人力资源，把它们浪费掉，把它们用到对社会无益的甚至有害的方面去，这仍然是一个资源配置失调问题。总之，在现代资本主义条件下，失业、财政赤字、通货膨胀、资源供给紧张和浪费、部门发展的不平衡等等，所有这些问题实际上都纠缠在一起了，其中任何一个问题都不可能孤立地得到解决，要解决其中某一个问题，必须进行资源的重新配置，从而也就不可避免地涉及其他一系列问题。这就使得当前西方经济学界对这些问题感到束手无策。罗宾逊夫人把当前西方经济理论的危机称作关于"就业内容"理论的危机，也就是关于资源配置理论的危机，这正反映了现代资本主义经济已经陷入以通货膨胀与失业并发症为主的多种病症的困境之中。

我们知道，资源配置的确是每个社会或每个国家的经济中的至关重要的问题。什么是资源的合理配置？简单地说，就是人尽其才，物尽其用，人力、物力、财力等各种资源都各得其所，有效地发挥作用，它们之间的比例处于相互适应的状态。什么是资源的不合理配置或资源配置失调？那就是人不能尽其才，物不能尽其用，各种资源不能有效地发挥作用，它们之间的比例不相适应。资源配置严重失调的经济，无疑是一种病态的经济。

你也许会问，既然现代资本主义经济中的资源配置严重失调，为什么资本主义国家不设法解决这个问题呢？为什么那些著名的西方经济学家不提出有效的解决方案呢？其实，资本主义国家并不是不想解决这个问题，一些著名的西方经济学家也不是没有提出过自己的对策，但这些方案或对策全都没有成效，因为资源配置问题从根本上说是一个与社会经济制度有关的问题。资本主义制度下，资源配置问题的真正解决是不可能同社会经济制度的根本变革分开的。为了说明这一点，我们有必要弄清楚现代资本主义国家中资源配置失调的病根究竟在哪里。

（三）对剩余价值的追逐导致了资本主义国家资源配置的失调

前面已经谈到，要了解当前西方经济理论危机的背景，必须了解第二次世界大战以后资本主义国家的经济危机的深刻化和复杂化。通货膨胀与失业并发、资源配置的严重失调正是经济危机深刻化和复杂化的一种反映。那么，它的根源在哪里呢？根源在于资本主义制度本身，在于资本主义基本矛盾的激化。

资本主义基本矛盾，就是生产的社会性和私人资本主义占有之间的矛盾。随着资本主义的发展，生产越来越具有社会性，然而生产资料的占有方式则是资本主义私有性质的。高度社会化的大生产同这种占有方式的不适应，导致资本主义社会的生产、分配、交换、消费之间的矛盾日益尖锐起来。生产社会性和私人资本主义占有之间的矛盾对资本主义社会经济的发展过程起着支配的作用。

资本主义基本矛盾在经济上一方面表现为个别资本主义企业中生产的有组织性与整个社会生产无政府状态之间的矛盾，另一方面表现为资本主义生产无限扩大的趋势同广大劳动人民有支付能力的需求相对狭小之间的矛盾。资本主义经济危机正是资本主义基本矛盾激化的产物。生产过剩，大量商品滞销，生产猛烈缩减，大批工厂倒闭，失业人数剧增，这些都是资本主义经济危机的表现。

再从失业状况来分析。资本主义国家中大量存在的失业人口，其根源也在于资本主义生产方式本身。在资本主义制度下，随着资本积累的增长和劳动生产率的提高，资本对劳动力的需要不但相对地减少，而且由于新技术装备的采用，在某些部门和企业中，对劳动力的需求还会绝对地减少。然而劳动力的供给却随着资本统治的加强而增多，这样，在资本主义国家中必然会出现经常性的失业大军。同时，在资本主义生产方式下，失业大军的存在既可以适应资本主义生产周期的需要，随时向资本主义企业补充、替换劳动力，又可以形成对于在业工人的一种压力，迫使他们接受资本主义企业所规定的劳动条件和工资报酬。从这个意义上说，失业人口的存在是资本主义生产方式存在和发展的条件。

资本主义制度是不可能消灭失业的。第二次世界大战以来资本主义国家所采取的凯恩斯主义政策，是想用刺激需求的办法来减少失业，也就是用扩大资本主义国家的财政支出和制造通货膨胀的办法来减少失业。这些办法虽然暂时能起到缓和失业率增大的作用，但从根本上说，它们不仅不是真正减少失业的有效措施，甚至会使得资本主义国家中的失业问题变得更加复杂，更加严重，也更加难以解决。

为什么这样说呢？正如前面已经谈过的，资本主义基本矛盾决定了资本主义生产有一种无限扩大的趋势，但劳动人民的有支付能力的需求却有相对缩小的趋势。生产的无限扩大趋势和劳动人民有支付能力的需求相对缩小的趋势之间的矛盾，是导致资本主义经济危机爆发的原因。凯恩斯主义所主张的通过扩大财政赤字来刺激需求的做法，固然暂时可以使资本主义生产部门和企业得到较多的订货，增加一部分人就业，但却使得资本主义生产规模进一步扩大了，生产出来的产品更多了，资本主义企业所面临的商品销售问题也变得更尖锐了。要知道，资本主义国家财政赤字的增加正是引起通货膨胀的重要原因。在资本主义制度下，通货膨胀有着明显的剥削性，因为它导致物价不断上涨，货币购买力不断下降，靠固定收入为生的劳动人民不得不蒙受损失，这样，资本主义生产无限扩大的趋势同劳动人民有支付能力的需求相对狭小的趋势之间的矛盾就更加尖锐了。

从这里，我们可以清楚地看到，根源在于资本主义生产方式本身的经常性失业状况，不仅不可能因凯恩斯主义的刺激需求的措施而真正缓和下来，反而会因刺激需求、增加财政赤字而导致的通货膨胀越演越烈。从20世纪60年代末期起，在资本主义国家中普遍存在的通货膨胀与失业并发的局面，正是这样形成的。

问题还不仅限于此。要知道，资本主义国家为了刺激需求而扩大的财政支出，大量被用到与国民经济军事化有关的部门中。军火生产部门，新武器的研究和制造部门，为军火生产提供能源、原料和设备的部门，成为国家财政拨款的重点。控制这些部门的垄断资本集团成为政府订货的直接受益者。政府人为地刺激需求的结果是，这些部门必然畸形地发展起来，而那些为人民生活服务的部门，由于盈利率相对较低，又得不到政府的重视，不可避免地相对缓慢发展，甚至停滞或萎缩。资本主义生产方式之下国民经济各个部门发展的不平衡性，是以追求最大限度剩余价值为目的的资本主义生产发展的结果，因此，可以断言，资本主义各国的部门间资源配置的失调，始终是同资本主义制度直接联系在一起的，是同资本主义基本矛盾的激化和资产阶级政府的"反危机"政策直接联系在一起的。只要资本主义生产方式继续存在，只要资本主义基本经济规律即剩余价值规律继续起作用，资本主义国家的部门间资源配置的失调状况就不可能好转。

我们还应当注意到，资本主义国家中资源配置的失调也是与收入分配的失调联系在一起的。这是同一个问题的两个方面。失业的存在、人力资源的闲置、为人民生活服务的部门停滞或萎缩，意味着广大劳动人民的收入状况和生活状况的恶化。通货膨胀的加剧、物价的上涨、军事工业部门的膨胀，意味着垄断资本集团力量的加强。在战后资本主义各国经济增长的过程中，一端是资本积累，另一端是贫困积累。资本积累与贫困积累的并存和对立，仍与以往一样，连罗宾逊夫人也不否认这一规律性的现象。她指出，资本家之所以愿意投资，是因为资本家受到较高的利润率的吸引；要使得资本主义经济增长，有赖于资本家追加投资，也就是有赖于用较高的利润率来吸引资本家投资。这样，较高的利润率带来较高的投资率，较高的投资率又带来较高的利润率。于是资本主义经济增长不可避免地引起了利润在国民收入中的比重不断增大，相形之下，工资在国民收入中的比重将会下降。这就是说，假定资本主义国家不干预私人经济活动，资本主义社会中的投资仅仅是私人资本家的投资，那么利润与工资在国民收入中所占的份额将遭到相反方向的变动：利润所占的份额越来越大，工资所占的份额越来越小。

　　但是，在现代资本主义国家中，政府是干预经济的，所以资本主义经济增长过程中的收入分配问题，实际上要比以上所分析的严重得多。这是因为，现代资本主义国家的政府为了应付经济危机，采取了以通货膨胀刺激需求的做法，并且，政府为了弥补资本家私人投资的不足，长期采取扩大财政支出、增加公共投资的措施，结果，通货膨胀始终与投资额的扩大相伴而行。在通货膨胀中，最受损害的是那些有固定工资收入的职工和依靠微薄的养老金、补助金、救济金为生的贫民。这部分人的生活状况是不断恶化的。罗宾逊夫人承认，如果说现代资本主义社会存在着绝对贫困现象的话，那么受通货膨胀打击最严重的这部分劳动者，处于绝对贫困之中。

（四）为什么任何一个资产阶级经济学派
都不可能使资本主义国家摆脱
通货膨胀与失业并发的困境？

现在，问题很清楚了，资本主义国家当前严重的通货膨胀与失业的并发、资源配置失调、收入分配失调等症状，不是由于资产阶级政府某种经济政策的"失误"所造成的，它们是资本主义制度的产物，是资本主义基本矛盾激化的结果。正因为如此，所以尽管包括罗宾逊夫人在内的一些资产阶级经济学家看出资本主义国家已经陷入了经济困境，并且惊呼凯恩斯主义不灵了，西方经济理论发生"第二次危机"了，但迄今为止，没有一个资产阶级经济学派能提出使资本主义国家摆脱这种困境的有效的对策，而且可以预料，今后它们也不会找到这样的对策。

在当前西方资产阶级经济学界，凯恩斯主义正遭到主要来自新制度学派和货币学派两方面的批评。从这两方面批评凯恩斯主义的资产阶级经济学家各有自己的经济理论和政策主张，并且这些理论和政策主张往往是针锋相对的，但就他们对凯恩斯主义的批评而言，却有着某种一致性。他们从不同的角度提出了自己的"医治"资本主义国家的"病症"的对策。

新制度学派的重要代表人物之一是美国资产阶级经济学家加尔布雷思。[①]他主张在资本主义国家中进行所谓"结构改革"，简单地

---

① 约翰·肯尼思·加尔布雷思（John Kenneth Galbraith），生于 1908 年，曾任美国驻印度大使、哈佛大学教授。主要著作有《丰裕社会》《新工业国》《经济学和公共目标》《没有把握的时代》等。

说，就是主张通过资产阶级立法机构和政府的力量，对垄断资本集团进行某种限制，把某些重要部门收归国有，对中小企业进行补贴或给予其他帮助，并且用向富人征收较高的累进税和给贫民以一定的救挤的办法，来消除资本主义社会中贫富过分悬殊的状况。这种"结构改革"无非是资产阶级改良主义的货色，因为持有这种主张的经济学家回避了资本主义国家政权和资本主义国有化的实质问题，把资产阶级立法机构和政府看作超阶级的、不偏不倚的，把资本主义国家中的"福利措施"说成是医治资本主义社会中的贫困的手段。这样，新制度学派的建议即使能够付诸实施，至多也只是缓和了一下资本主义国家中的某些矛盾，而不可能使得资本主义国家的经济有根本的起色。何况，他们的建议在现实的资本主义条件下往往只是一种空想，垄断资本集团作为资本主义国家内政治上的实际支配者，它们不会让自己的利益受到侵害，它们也不会交出控制经济的权力。所以持有"结构改革"观点的新制度学派，在资本主义国家中一直被看成是资产阶级经济学中的"异端"，或者被讽刺为"奇谈怪论者"、"空想家"，它的学说不可能成为垄断资产阶级政府制定经济政策的指导思想。

货币学派以及在基本观点上与货币学派相近的供应学派、新自由主义派，从另一个角度批评凯恩斯主义。货币学派的最重要代表人物是美国资产阶级经济学家弗里德曼[①]。货币学派、供应学派、新自由主义派都属于经济自由主义思潮。它们认为，资本主义制度是完善的，资本主义经济本身可以自动调节而实现充分就业。因此，它们的学说实际上与凯恩斯以前的传统庸俗经济学是一致的，或基

[①] 密尔顿·弗里德曼（Milton Friedman），生于 1912 年。曾任芝加哥大学教授，1976 年诺贝尔经济学奖获得者。主要著作有《消费函数理论》《最适度货币数量和其他论文集》《失业与通货膨胀》《自由选择》等。

本上是一致的。在这些资产阶级经济学家看来，资本主义国家之所以在当前会发生这样严重的通货膨胀与失业并发症，不能归咎于资本主义制度，而只能归咎于资本主义国家的政府执行了凯恩斯主义的干预经济的政策。他们说，只要政府不干预私人经济，让市场充分发挥调节经济的作用，资本主义经济自然而然地会恢复常态，如果这时国家采取干预措施，限制了市场调节机能的发挥，那么经济反而会变得越来越糟糕，问题也会越来越复杂。他们打一个比喻说，社会与人体相似，一个人患了感冒，不吃药，休息几天，病就会好，如果乱吃药，病不但好不了，反而会加重。他们由此提出了经济自由主义的主张，这就是：逐步减少国家干预，直到最终取消国家干预；让大企业自由吞并小企业，以提高经济效率；减少政府用于福利的支出，以减轻财政负担。在他们看来，如果这样做，虽然短时期内经济仍会有所动荡，但从总的趋势来看，资本主义经济会自动趋于稳定，不会发生大的问题。很明显，持有这些主张的资产阶级经济学家实际上提不出什么有效的对策，他们的上述建议早在 20 世纪 30 年代资本主义经济危机以前就已被传统资产阶级庸俗经济学家所提出，并被当时的资产阶级政府所采用，但这一切并不能防止 20 世纪 30 年代经济危机的爆发。近年来，美国的里根政府和英国撒切尔夫人的内阁，也多多少少采用了经济自由主义的措施，但美国和英国的经济状况仍然未能从根本上摆脱通货膨胀与失业的困境。这清楚地表明，根源在于资本主义制度本身的资本主义经济危机，不是仅仅依靠所谓减少一点国家干预就能消除的。

　　由此可见，20 世纪 60 年代末期开始的西方资产阶级经济学界的混战，至今仍在继续进行之中。现阶段西方经济理论的危机正是资本主义经济危机深刻化的反映。我相信，只要对西方经济理论目前所处的危机状态以及资本主义国家已经深深陷入的经济困境有所了解，你是会提高自己的认识的。特别是，当你对于今天西方经济理论发生危机的整个过程有所了解，并且了解到资本主义国家已经实行或正在实行的各种经济政策对于应付通货膨胀与失业并发症是无能为力的时候，你自然会得出这样一个结论：作为一种理论体系来说，现代西方经济学是不科学的，是无法回答资本主义现实所提出的各种经济问题的，也是不可能向资本主义国家的政府提供一条摆脱困境的道路的。

这封信就写到这里，下次再谈。祝你学习进步。

第二封信
"经济增长代价"问题的提出

×× 同志：

从你的来信中了解到，我的上一封信引起了你很大的兴趣。你说，"现代西方经济理论正处于危机之中"这一说法是有根据的，但你又问道，如果说凯恩斯主义本来就没有什么科学性，那么为什么第二次世界大战结束以后的较长一段时间内，资本主义国家的经济能够以较快的速度增长呢？战后资本主义经济增长的事实不是可以说明凯恩斯主义对经济增长起了积极的作用吗？如果说凯恩斯主义是庸俗经济理论，那么战后的资本主义经济迅速增长又应当怎样解释呢？

你提的这些问题，不禁使我想起了不久以前另外一位青年同志在信中向我提出的问题，他问道："战后几十年内，资本主义国家的生产力大大发展了，物质产品比过去丰富得多了，难道这不是凯恩斯主义起作用的证明吗？"

那位青年同志提的问题和你的问题是很相似的，你们都把战后一段时期内资本主义国家的经济增长同当时在西方经济学界占主流地位的凯恩斯主义联系起来，似乎战后资本主义的经济增长应当归功于凯恩斯主义，并且，似乎只要能把战后资本主义的经济增长归功于凯恩斯主义，凯恩斯主义就不会是庸俗的经济理论，而只可能是科学的经济理论了。这倒是一个很值得我们分析和研究的问题，让我谈一谈个人的一些看法吧。

（一）战后资本主义经济增长的特殊条件

第二次世界大战结束以后，西方主要资本主义国家的经济确实在一段时期内有过较快的增长。我想，我们当中谁也不想否认这个事实。至于怎样来解释这种较快增长的原因，那么不但在我们这里，甚至在西方经济学界，也是有争议的。

英国资产阶级经济学家希克斯①在 1974 年出版的《凯恩斯经济学的危机》一书中就谈到过这个问题。由于无论在西方资产阶级政界还是在学术界中都有一些人宣称，战后资本主义的经济增长是凯恩斯主义的一大功劳，所以希克斯对此发表了评论。他说：把战后资本主义的经济增长归功于凯恩斯主义是没有根据的，战后资本主义世界有一些促进经济增长的特殊条件，所以即使没有凯恩斯主义，当时的资本主义经济也会迅速地增长；战后资本主义经济增长是一个事实，战后西方主要资本主义国家的政府奉行凯恩斯主义也是一个事实，但不能够把这两者之间的关系说成是因果关系，也就是说，不能够把奉行凯恩斯主义当作原因，把经济增长当作结果，如果那样看问题，那就是曲解了战后西方资本主义国家经济增长的历史。希克斯是当代西方经济学界有影响的凯恩斯经济理论解释者。他的这种看法，我认为是符合实际情况的。

那么，究竟什么是战后资本主义经济增长的特殊条件呢？这应当从 1929—1933 年资本主义世界经济危机谈起。我们知道，1929—1933 年经济危机是资本主义历史上最严重的一次经济危机，

---

① 约翰·理查德·希克斯（John Richard Hicks），生于 1904 年，曾任牛津大学教授。1972 年诺贝尔经济学奖获得者。主要著作有《价值与资本》《经济周期理论》《资本与增长》《经济史理论》《凯恩斯经济学的危机》等。

在这次长达五年之久的世界经济危机中，资本主义各国的生产力遭到很大的破坏，像美国、英国、法国这样一些主要资本主义国家，工业生产下降到接近 20 世纪初年的水平。不仅如此，在这些主要的资本主义国家，长达五年的经济危机过去之后，经济一直没有复苏，直到 1939 年第二次世界大战爆发前夕，才由于战争的逼近和国民经济军事化而使经济摆脱了危机和萧条状态。但紧接而来的第二次世界大战，又给西方资本主义国家的经济以再一次沉重的打击。这样，从 20 世纪 30 年代到第二次世界大战结束时为止，在主要资本主义国家，无论是战胜国还是战败国，固定资本更新的问题都是非常突出的。这就是说，生产单位中的机器设备和厂房等急需更新，只是战争还没有结束，固定资本的更新过程就不可能大规模地进行。所以第二次世界大战结束后，固定资本的大规模更新必然成为资本主义企业面临的紧急任务。用新的设备替换旧的设备，用新的厂房替换旧的厂房，这就给生产资料的生产部门提供了广阔的市场，从而带动了国民经济的增长。

与此同时，从 20 世纪 30 年代到第二次世界大战结束，资本主义国家中群众的购买力也是长期受到压抑的。特别是第二次世界大战期间，消费品的供应非常紧张，住宅的建筑、城市的建设都停顿下来了，所以战争结束后，不仅被破坏了的城市需要建设，而且战争时期被压抑了的居民购买力，也迅速转变为对消费品工业和住宅建筑业的巨大推动力。这就造成了资本主义各国市场的繁荣。

科学技术的发展和新产品的发明，也对战后资本主义经济的增长起了推动作用。西方学术界认为，在资本主义国家中，到第二次世界大战结束后的一段时期内，曾发生了三次科学技术革命。第一次是 18 世纪末年到 19 世纪初年的以蒸汽的使用为标志的科学技术革命。第二次是 19 世纪末年到 20 世纪初年的以电动机的发明和使用为标志的科学技术革命。第三次是第二次世界大战结束后开始的以原子能和电子技术的利用为标志的科学技术革命。第三次科学技术革命对资本主义生产的影响，主要表现于它大大提高了劳动生产率，提高了剩余价值率，增加了资本积累，并且引起了资本主义国家经济结构的改变。在物质生产领域中出现了一系列新兴的工业部门，促进了生产的巨大发展。并且，科学技术越是迅速发展，资本主义企业在固定资本更新方面的要求就越迫切，固定资本更新的速度也就越快。新产品出现得越多，市场对居民的吸引力就越大，消费品工业也就越有可能持续增长。因此，正如希克斯所说的，即使没有凯恩斯主义，资本主义经济在经历了1929—1933年经济危机和第二次世界大战之后，在20世纪50年代内，也是会迅速增长的。

战后主要资本主义国家的经济增长，还有另一个特殊条件，这就是战后的国际形势促使军事工业部门以较快的速度增长。要知道，从第二次世界大战结束以后，战争实际上不曾停止过。而对资本主义经济增长的影响最明显的，是1950年爆发的美国侵略朝鲜的战争。为了供应战争的需要而迅速增加的军事订货和采购，在推动经济增长的过程中使垄断资本集团得到了惊人的利润。这一事实特别可以用来解释战后日本经济为什么能够较快地恢复和发展，因为日本作为美国侵略朝鲜的供应基地，从军需物资的供应中捞到了许多好处。

列宁曾经分析过资本主义政治经济发展不平衡规律的作用，这可以从理论上使我们比较深入地了解日本、联邦德国这些第二次世界大战的战败国战后经济迅速增长的原因。日本和联邦德国的经济在战争时期受到很大破坏，战后开始重建，但由于战后的重建中引进了美国的资本和技术，采用了新的工艺、新的设备，以致后来居上，超过了其他一些资本主义国家。因此，日本和联邦德国这段时期内的经济增长，也和凯恩斯主义没有必然的联系。如果没有凯恩斯主义，它们的经济仍会重建，它们的经济仍会较迅速地增长，正如第一次世界大战结束以后，作为战败国的德国的经济的迅速恢复和增长，与当时的资产阶级"正统"经济学说无关一样。

（二）"经济增长热"和"增长模型热"

当然，我们也不是说凯恩斯主义在战后资本主义国家的经济增长中没有起过作用。它是起了一定作用的。问题是如何看待这种作用，如何估计这种作用的大小。

从资产阶级经济学的研究方法上说，凯恩斯本人使用的是一种短期分析方法。凯恩斯主要想说明资本主义经济为什么会发生失业和生产过剩，以及资本主义国家的政府应当采取什么办法来消除失业和生产过剩，使不稳定的资本主义经济趋于稳定，这是 1929—1933 年世界经济危机期间资本主义各国政府面临的迫切问题，也是凯恩斯当时所关心的基本问题，因此，在凯恩斯看来，短期分析就够用了。长期的经济增长，不是凯恩斯本人所研究的课题。但到了20 世纪 30 年代末年，特别是到了 20 世纪 40 年代，资本主义世界的经济形势不同了。资本主义国家的政府希望使本国的经济能在稳定的基础上持续增长，并且认为只有在持续经济增长的过程中才能不断地增加就业人数，才能加强本国的军事和经济实力，在世界范围内争得更大的地盘、更多的利益。于是，凯恩斯的一些追随者就着手把凯恩斯的经济理论扩展为既包括经济稳定，又包括经济增长的理论，所使用的方法也由原来的短期分析方法扩展为长期分析方法。这里所说的短期分析，是指资产阶级经济学中的这样一种分析方法，即假定时间短到使企业来不及增加新设备或改革原有的设备，因此只能利用原有的设备进行生产。这里所说的长期分析，是相对于上述短期分析而言的。它是指：在分析时假定经过一段时间，时间长到使企业来得及增加新设备或改革原有的设备，因此生产是在增加了新设备或改革了原有设备的基础上进行的。经济增长理论采用的就是长期分析方法。它不但被看成是凯恩斯经济理论的发展，而且它成了凯恩斯主义的一个重要的组成部分。

20世纪50年代和60年代，在西方资本主义国家中普遍出现了两种"热"。一是"经济增长热"，一是"增长模型热"。

所谓"经济增长热"，就是说，资本主义国家的政府普遍把提高本国的经济增长率当作首要的任务。在他们看来，一个国家，只要把经济增长率提高了，只要使经济持续地以较高的速度增长，不但国内一切社会经济问题似乎统统可以得到解决，而且本国在国际范围中的地位也可以大大加强。这样一来，经济增长成了资本主义各国政府所追求的主要目标，成了资产阶级政治家们经常使用的一个时髦的术语。

所谓"增长模型热"，就是说，在上面所说的这种"经济增长热"的影响下，以凯恩斯主义者为主要代表的资产阶级经济学家纷纷致力于研究经济增长问题，其中包括：什么是决定一国经济增长的因素？如何促使一国经济稳定地、持续地增长？如何促使一国最大限度地提高经济增长率？他们利用数学和现代计算技术，把资产阶级经济理论同数学、统计学结合起来，在排除若干次要因素之后，通过一定的假设的前提条件，提出了这种或那种包含了一些数学公式的经济增长模型。似乎这些经济增长模型越完整，越庞大，数学上的推导越严密，就越能准确地预测未来的经济增长状况，越能成为资本主义国家制定经济增长措施的依据。

实际上，这些增长模型在很大程度上是脱离实际的，它们只不过是西方经济学家、经济计量学家的一种设计，并没有真的成为资本主义国家经济增长的指示器。很难说战后哪一个资本主义国家的经济增长是根据某一种现代西方经济学的经济增长模型而实现的。经济增长模型研究者们所精心建立的一套数学公式，与资本主义国家的实际的经济增长远不是一回事。如果说某种经济增长模型曾经起过一定作用的话，那么这主要是指它多少纪录了以往某段时间内的经济增长的过程，总结出某些经验教训，而不是真正为资本主义国家规划了未来，展示了前景。只有那些实际上不了解资产阶级经济增长理论与资本主义国家经济增长实际情况的人，才以为凯恩斯主义的经济增长理论真的起了指导资本主义国家经济增长的作用。

（三）哈罗德-多马模型的剖析

为了更好地说明这一点，让我们对战后资本主义经济增长时期最流行的一种经济增长模型进行一番剖析。这个模型就是以英国资产阶级经济学家哈罗德（R. F. Harrod）和美国资产阶级经济学家多马（E.Domar）两人命名的哈罗德-多马经济增长模型。

哈罗德和多马两人分别以凯恩斯的经济理论为出发点，论证了所谓动态均衡的条件，提出了自己的经济增长理论。他们的论点大体上相同，所以以后的资产阶级经济学书刊中就把他们两人的经济增长理论合在一起，称作哈罗德-多马经济增长模型。

用最简短的语句来概括，哈罗德-多马经济增长模型是说：要使一个国家每一时期的经济保持均衡的增长，那么，经济增长率的大小等于储蓄比例（储蓄在国民收入中所占的比例）同投资效率（平均每一单位投资所能够增加的收入）的乘积，或者说，一国如果要保持这样的经济增长率，在平均每一单位投资所增加的收入不变的条件下，投资应当按照一定的储蓄比例来安排。举一个例子来说，假定一国的年国民收入是 1,000 亿美元，储蓄总额是 250 亿美元，那么储蓄比例（即储蓄在国民收入中的比例）是 25%；假定一国在目前的生产技术条件下每 10,000 美元的投资能够增加 2,000 美元收入，那么投资效率，即平均每增加一单位投资所能够增加的收入，就是 20%。这样，如果投资按照国民收入的 25% 来进行，在投资效率为 20% 的条件下，经济增长率将是：25%×20%=5%。或者说，如果 20% 的投资数率不变，那么一国要按 5% 的经济增长率增长，投资应当达到这样的数额，即投资应当同储蓄在该国国民收入中的比例相适应，即投资应当占国民收入的 25%。

哈罗德和多马的这种论述从经济理论上说是不科学的。这是因为，他们只分析了储蓄、投资、投资与收入增加的比率、经济增长率之间的数量联系，而没有接触到资本主义生产和再生产过程的实质性问题，没有揭示资本主义生产关系对产量和收入增长的制约性。按照他们的说法，似乎资本主义社会中只要有足够的储蓄，并且似乎只要这些储蓄能够顺利地转化为投资，资本主义经济就可以均衡地、持续地增长了，资本主义制度下的失业问题就可以消除了。这显然是毫无根据的推断，因为正如我在上一封信里已经谈过的，资本主义社会中的失业的根源在于资本主义生产方式本身，而并非由于投资过少，反之，如果按照哈罗德和多马以凯恩斯主义为依据的论述，即所谓只要有足够的储蓄，以及只要这些储蓄能转化为投资，就可以导致经济均衡增长的论述，把注意力放在增加投资之上，那么这将会加剧资本主义社会中生产无限扩大的趋势和劳动人民有支付能力的需求相对缩小的趋势之间的矛盾，使资本主义社会中不可避免地爆发生产相对过剩危机。这样，失业现象不仅继续存在，甚至还会扩大。而生产相对过剩的危机的爆发又必然会打断资本主义经济增长的过程。其结果，均衡增长无非是一句空话而已。这就是哈罗德-多马经济增长模型在理论上的致命弱点，也是那些陶醉于经济学中的数量分析，回避资本主义生产力与生产关系之间的矛盾分析的资产阶级经济学家提出的各种经济增长模型在理论上共同的致命弱点。

当然，我们说哈罗德-多马经济增长模型是不科学的，这是就它的分析方法、基本理论和基本政策主张而言的。这并不是说它毫无可供我们参考之处。如果我们那样来看待问题，未免过于简单化了。可以说，假定考虑到经济增长的社会环境，考虑到一定的生产关系对经济增长的制约性，考虑到在经济增长过程中由于生产、分配、交换、消费之间可能出现的各种矛盾，那么单纯就哈罗德和多马对投资额、投资效率、经济增长率三者之间的关系的分析而言，他们的论述中也有一些合理的内容。比如说，假定投资效率不变，经济增长率的大小就同投资额的大小直接有关，投资额越多，经济增长就越快。或者说，假定投资额不变，经济增长率的大小就同投资效率直接有关，要提高经济增长率，就需要提高投资效率，让每一单位的投资带来更大的产量或收入。关于我们究竟应当如何实事求是地评价当代西方经济学家的著作，包括哈罗德和多马的著作，这个问题牵涉面很广，不是在这封信中所能够畅谈的。我只准备就这个问题谈一谈自己的一些想法。我感到，经济学的研究可以分为若干层次，当代西方经济学说也可以从不同的层次来进行考察。就理论体系、方法论而言，当代资产阶级经济学说无疑是庸俗的、不科学的，我们应当给以批判。但在一些较低的层次上，例如在经济管理问题、经济的技术方面和应用方面的问题上，或者就某些具体的研究方法来说，那么不能认为其中一无可取之处。不加分析地全盘肯定或一概否定，都不是实事求是的态度。不少资产阶级经济学家是为资产阶级政府拟定对策的。资产阶级有自己统治的历史经验。它可以依靠自己的经济学家制造舆论去欺骗公众，但不能让他们骗自己。如果当代资产阶级经济学著作中有关经济管理、生产力发展之类的见解全都是废话，那么资产阶级政府也就不会需要这些经济学家了。因此，对于当代资产阶级经济学著作，我们需要分清楚其中哪些部分是用来"欺骗公众"的，哪些部分是用来为资本主义的经济管理和生产力发展献计献策的。对于后一部分内容，我们就不应当、也不必要一概予以否定，而要进行具体地分析，择其有用者而借鉴之。

现在让我们接着对战后资本主义国家的经济增长问题进行分析。

（四）关于"经济增长代价"的讨论

20 世纪 60 年代末期和 70 年代初期，是战后资本主义经济增长过程中的一个重要的转折点。通货膨胀与失业并发症的出现，是这种转折的显著标志。为什么通货膨胀与失业会并发，我在上一封信里已经谈过了。在这里，我感到需要较深入分析的，是与资本主义经济增长的后果直接有关的所谓"增长代价"的问题。

在西方经济学界关于"经济增长代价"的讨论中，主要有以下三种论调。

加尔布雷思是第一种论调的代表者。他认为，在战后较长时期的经济增长过程中，西方国家的物质产品的确比过去丰裕多了，但人们通常忽略了这样一点：战后这段时期内，为了较高速度的经济增长，为了提供较丰富的消费品，社会付出了什么样的代价？1958年，加尔布雷思写了一本十分畅销的经济学书籍，题为《丰裕社会》。在这本书里，他提出了一个问题：在像美国这样的资本主义国家中，物质产品增多了，社会变得"丰裕"了，但"丰裕社会"能给人们真正的幸福吗？他对此表示怀疑。隔了九年，加尔布雷思在《新工业国》一书中，把自己的观点做了进一步的发挥。他写道，小汽车的产量比过去多得多，但生产更多的小汽车，岂不是给空气带来更大的污染？香烟的产量比过去多得多，但人们吸了更多的香烟，得肺癌的人不也是比过去更多吗？烈性酒的产量增加了，但这只不过说明酒精中毒的人数比过去增多而已。加尔布雷思得出了一个对资产阶级几乎是难以接受的论点，这就是："丰裕社会"是有缺陷的，以物质产品丰富为特征的"新工业国"是有弊病的，物质产品越"丰裕"，生活在这种"丰裕"的环境的人越会感到苦恼，因为他们会发现自己越来越陷入了强大的工业大公司力量的支配中。存在于资本主义国家中的"公司权力"，被认为正是物质产品"丰裕"的产物。

　　加尔布雷思写道：经济增长以后，物质产品"丰裕"了，作为这些产品的生产者的资本主义大企业的力量也就壮大了，它们的势力随着自己产品的销售量的增加和利润的增加而伸展到社会各个角落。这些大企业控制着价格，控制着产量，控制着销售网，控制着研究和设计机构。以前，消费者同小商店打交道，双方的地位还是相差不多的，现在，消费者同大公司打交道，消费者不得不听命于大公司，受到大公司的剥削。以前，出售原料和购买生产资料的小生产者同为数众多的较小的企业洽谈生意，小生产者还不至于受到太大的盘剥，现在，他们不得不同少数控制了市场的大企业往来，他们变成了完全无权的原料出售者和生产资料购买者，只好听命于有权力的大公司。所以加尔布雷思认为，大公司是依赖经济增长而壮大起来的，战后资本主义经济增长过程就是大公司的势力膨胀的过程。生产更多的小汽车，生产更多的香烟和烈性酒，特别是生产更多的军火，这些都只有利于大公司，而由此造成的空气污染，肺癌患者增多，酒精中毒者增多，以及因生产和出售军火而造成的死亡人数增多，等等，其责任却不由大公司来承担，但这些正是鼓吹资本主义经济增长，并把经济增长看成是"医治"资本主义社会各种"病症"的药方的人所竭力回避的。加尔布雷思反问道：难道经济增长的目的是要让人们去顺从和接受大公司的支配吗？是要让消费者、小生产者、一般居民等等不得不听从大公司的摆布吗？大公司获利和公共利益受损失，难道不就是社会为经济增长付出的代价吗？

加尔布雷思的这些议论，反映了现代资本主义国家中一些不满意于垄断组织的人们的情绪。虽然这些议论并没有揭露垄断资本主义的实质，没有阐明资本主义制度下垄断利润形成和增大的真正原因，而只是涉及了某些与垄断资本统治有关的表面现象，但仍然能够发人深思的是：从这里可以看到，连加尔布雷思这样的资产阶级经济学家都承认，作为资本主义经济增长后果的物质产品的"丰裕"，并不一定意味着公众的福利的增加，而更可能意味着支配公众的工业垄断势力的扩张。加尔布雷思把垄断资本对公众的控制的加强看成是战后资本主义经济增长的一种代价，这反映他同那些一直鼓吹资本主义国家应当加快经济增长速度和保持较高经济增长率的凯恩斯主义者相比，对资本主义社会中的经济问题的考察要深刻一些。

在西方经济学界，关于战后资本主义经济增长的代价的另一种论调是环绕着人与自然界之间的关系进行的。一些经济学家、社会学家、作家和自然科学家从经济增长所引起的人类生活的自然环境的变化而得出悲观的论调。他们问道，从自然界的条件进行分析，人类社会能够按照同以往一样的经济增长率进行增长吗？如果采取那样一种速度增长，人类社会将会面临什么样的结果？他们采用先进的电子计算技术，对自然资源状况、粮食生产前景、人口增长率、空气污染程度等等进行计算，认为资本主义的经济增长，特别是第二次世界大战以来的这些年的迅速增长，已经把世界推向毁灭的边缘了，人类社会的经济增长已经达到了极限，今后即使想按照同以往一样的速度增长，也是不可能的事情。而且，如果人类社会要继续这样增长下去，那么用不了多久，地球将会毁灭，人类社会的末日也会来临。这方面的最著名的代表作是 1972 年出版的《增长的极限》这本书，它的著者是美国麻省理工学院教授麦多斯（D.Meadows）等人。麦多斯等人指出，由于人口增长和可耕地面积有限，再加上城市建设、道路建设、渠道建设要占用越来越多的可耕地，所以人类社会迟早会遇到粮食供应不足的危机；由于不能再生的资源（如铁矿石等等）被大量消耗，若干年以后，这些资源也会被消耗尽；此外，由于工业的增长和技术的发展，对空气和水源的污染会越来越严重，自然环境破坏、生态破坏的速度加快了，而这些不仅会反过来影响粮食的生产，甚至会威胁到人类社会本身的生存。因此，在他们看来，人类社会正面临着可悲的前景。他们甚至预言，用不着到达公元 2100 年，人类社会就会因为土地丧失肥力、粮食减产、人口膨胀、资源耗尽以及环境严重污染而崩溃。

能不能认为"世界末日论者"的看法全都是故意耸人听闻的呢？如果这样来看待它们，那也未免过于简单化了。当然，持有这种论调的人由于认不清垄断资本主义社会的本质和垄断资本统治条件下经济增长的性质，他们才会发出有关人类社会必将崩溃的惊叹，但无论如何，他们所揭露的战后资本主义经济增长的恶果，例如环境污染严重、资源浪费惊人、生态平衡受到极大破坏等等，则是事实，这些情况的确构成了对公众生活的一种威胁。如果不及早采取对策，这种威胁将会越来越大，这一点应该说是没有疑问的。但是，指出生态环境继续不断地遭到严重破坏有可能导致人类社会的崩溃，并不等于承认人类社会一定走向崩溃，因为人类在自然界面前，不是被动的，人类对于经济增长过程本身也是可以控制的。关于"经济增长代价"的第二种论调的持有者们的可取之处在于指出了上述这种可能性的存在，从而向人们敲起了警钟，要人们在经济增长过程中注意维护生态的平衡，防止继续破坏生态环境。他们的不正确之处则在于忽视了科学技术进步的力量，忽视了社会经济制度对于经济增长的制约性，从而得出的是悲观甚至绝望的结论。

在西方经济学界，还存在有关战后资本主义经济增长的代价的第三种论调。这就是从社会学的角度着手分析，并主要以生活质量的下降为理由的对战后资本主义经济增长的非难。美国资产阶级经济学家罗斯托[①] 在1971年出版的《政治和成长阶段》一书中，提出了一系列与物质产品"丰裕"有关的问题。他指出，作为战后较长时期经济增长的结果，资本主义国家中平均每人拥有的耐用消费品数量大大增多了，不少家庭都有了家用电器设备，但这些只是物质产品"丰裕"的一个方面。物质产品"丰裕"的另一方面又是什么呢？罗斯托认为，除了环境污染及其不利影响而外，从社会学方面看，居民、特别是城市居民的生活质量却在不断下降，比如说，城市交通阻塞，市政建设衰败、犯罪率上升，暴力行为增加，城市生活紧张等等都是居民生活质量下降的标志。战后的资本主义经济增长虽然使物质产品"丰裕"，但却使人们，特别是使大城市中的居民不可能再像过去那样过着比较安定的生活了。所以这也被认为是经

---

① 华尔特·惠特曼·罗斯托（Walt Whitman Rostow），生于1916年。曾任美国麻省理工学院教授、美国总统国家安全事务副特别助理、美国国务院顾问兼政策计划委员会主席、美国得克萨斯大学教授。主要著作有《经济成长的阶段》《政治与成长阶段》《世界经济》等。

济增长的一种代价。

我们知道，罗斯托是一个为资本主义制度辩护的经济学家，他之所以提出生活质量问题，目的在于向垄断资产阶级政府建议，要它们通过所谓"改善"生活质量的措施来缓和资本主义国家内部的阶级斗争，消除来自公众的不满情绪。但罗斯托关于战后资本主义经济增长过程中居民生活质量下降的论述，仍在一定程度上反映了存在于资本主义国家中的实际情况。我们应当承认这一点。

这样，在资本主义经济增长过程中，生活质量的下降和社会生活的不安定也使人们产生了对资本主义经济增长本身的悲观失望的情绪。正如有些人感到"世界末日"的临近一样，也有些人因社会生活的不安定而对资本主义社会前景和生活在这个社会中的个人前途，失去了信心。这就是说，随着资本主义的经济增长，生活在资本主义国家中的人们的"不安全感"或"无保障感"加剧了。你也许会感到不好理解：为什么经济增长和物质产品"丰裕"之后，人们反而感到"不安全"或"无保障"呢？从社会生活的角度来看，除了城市生活紧张、犯罪率上升，暴力行为增加而外，这个问题仍然与通货膨胀和失业有关。

前面已经说过，在持续的通货膨胀的环境中，物价不断上升，垄断资本为了保持垄断利润，维持垄断地位，便操纵物价，对物价的持续上涨起着火上浇油的作用。劳动者所得到的固定工资以及退休职工所得到的固定养老金在物价上涨的影响下，实际价值是不断减少的。他们因此感到生活没有保障，对未来生活的前景失去了信心。同时，在资本主义社会中，就业也是缺乏保障的，因为经常性的失业人数总是维持在较高的水平上，他们对于已经就业的人员来说，构成了一种无形的压力；已经就业的人员总是担心自己会被雇主所解雇，担心自己的工作岗位有可能在某一个早晨被别人所取代。

这种感到生活无保障和前途渺茫的情绪，并不因个人的工作勤奋而稍稍减少。比如说，一个职工受雇于某个企业，他整日勤勤恳恳工作，积蓄了一些钱，准备留作养老之用，但物价的上涨使他所积蓄的货币不断贬值，他就会感到生活是没有保障的。或者说，他为雇用他的企业工作得很出色，企业并不想解雇他，但他生活在一个资本主义竞争的环境中，雇用他的企业也处在一个受到其他资本主义企业竞争和排挤的环境中，因此，这个受雇用的职工的命运同雇用他的企业的命运联系在一起，同激烈的资本主义竞争状态联系在一起。他担心自己所在的那个企业会不会在竞争中赔本、垮台，因为如果企业赔本、垮台的话，尽管他为企业勤恳地工作，也终于不免沦为失业者，这也说明了他的生活是没有保障的。

在战后资本主义经济增长中，居民们因生活质量不断下降而感到的失望，因通货膨胀的持续和失业的威胁而感到的前景渺茫，因社会的动荡不安而感到的缺乏保障，从另一个角度反映了这种经济增长给广大居民的生活带来的严重的后果。

以上谈到的是关于"经济增长的代价"的三种有代表性的论调。这个问题的讨论至今并未结束，它们也不可能就此结束，因为自从进入 20 世纪 70 年代以后，资本主义经济增长所造成的问题不但没有减少，反而越积越多。最明显的是，由于通货膨胀的加剧以及通货膨胀与失业的并发，使得居民的"无保障感"加剧了。至于环境的破坏、生态平衡的破坏，也同样有增无减。事实清楚地告诉人们，在看待资本主义经济增长问题时，不能只看到经济增长所带来的丰裕的物质产品，更应该看到公众为这种经济增长所付出的代价：居民个人日益受到垄断组织的支配，人们赖以生活的自然环境越来越受到破坏，居民对生活质量、社会和个人前途越来越失去信心，从而陷入"不安全"的烦恼之中。如果我们了解了这些情况，那么，我们对于战后这段时期内资本主义国家经济的较快速度的增长就会有比较全面的认识。

　　这封信所谈到的问题比较多，从战后资本主义国家经济增长较快的原因，谈到了战后在资本主义国家中出现过的"经济增长热"和"增长模型热"；从资本主义经济增长所引起的生产无限扩大趋势和劳动人民有能力的需求相对缩小趋势之间矛盾的激化，谈到了某些西方经济学家所指出的经济增长的沉重代价。我感到，这些分析对于像你这样的经济学青年爱好者来说可能是有帮助的，因为这有助于你们对资本主义经济增长的性质的了解。我相信，一旦青年们对于资本主义经济增长的性质有所了解，大家自然就会思考这样一些问题：经济增长究竟是为了什么？任何一种经济增长都是无可非议的吗？什么样的经济增长是我们应当实现的？什么样的经济增长是不值得我们羡慕的？不知道你过去考虑过这些问题没有？

　　你读了我这封信以后，也许会开始思考这些问题了。这正是我所希望于你的。

　　欢迎你在来信中谈谈自己对于"经济增长代价"问题的看法。

第三封信
在"反增长"论调的背后

××同志：

上一封信中，我们从战后流行于资本主义国家中的"经济增长热"谈到了资本主义经济增长过程中出现的问题。究竟什么样的经济增长是值得实现的，什么样的经济增长是不值得向往的，这个问题现在已经比较清楚了。但如果我们再做进一步的探讨，我们还会发现一些问题。比如说，为什么一个能够提供丰富的物质产品的社会不能同时使人们在精神生活方面得到满足呢？为什么一个社会能够使平均每个社会成员得到较多数量的物质产品，但在精神产品方面却是如此贫乏呢？难道这是经济增长本身所造成的不可避免的后果吗？如果说这种情况确实是经济增长本身所造成的，那么我们就会联想到，是不是任何一种经济增长都会带来类似的弊端，都会造成类似的后果？难道人们不可能在经济增长的同时预先注意到这种情况而采取有效的对策吗？如果说这种情况并不一定是经济增长所造成的，那么我们也会反问道：究竟什么样的经济增长会造成这种情况，什么样的经济增长则可以避免这种情况的出现？甚至我们可以探根究底：究竟什么样的经济增长将不仅能够提供丰富的物质产品，而且也能够创造出高度的精神文明？怎样才能实现这种理想的经济增长？

上面提出的一连串问题，对我们说来是有现实意义的。在经济学的学习过程中，我们会不断遇到新问题，这些问题的出现有助于我们进一步去思考。在这封信里，我想先就上面提出的这些问题谈谈自己的一点看法。

（一）形形色色的"反增长"的论调

记得上一封信里曾经谈到，在战后资本主义国家的经济增长过程中，由于出现了种种经济和社会问题，所以有关"经济增长代价"的讨论在 20 世纪 70 年代的西方经济学界有着广泛的社会影响。在"经济增长代价"的讨论中，西方经济学界有一些人对经济增长本身产生了怀疑，似乎所有这些经济和社会问题只不过是经济增长所带来的。如果经济不曾增长，这些经济和社会问题似乎就不会发生；今后，只要经济停止增长，这些经济和社会问题似乎也就会自然而然地得到解决了。持有这种观点的资产阶级经济学家，被称为反增长论者或增长怀疑论者。

反增长论者或增长怀疑论者从生态平衡的角度提出了把经济增长率下降为零的主张。他们说，如果再不把经济增长率下降为零，而让经济继续增长下去，那就必然会使得环境的污染越来越严重，使石油、矿产等资源越来越少，于是用不了多久，不但污染了的环境不再适合人类生存了，而且耗尽了的资源也会使人类社会趋于崩溃。这是一种把生态平衡破坏的原因简单地归结于经济增长的悲观的论调。即使在西方经济学界，现在也有不少人不同意这种看法，认为这种要求停止经济增长的主张是不正确的。这是因为，假定环境已经污染了，那就只有靠新技术的发展和推广来消除污染和防止污染；假定资源已经被大大浪费了，那就必须发明和采用节约资源的新技术，或者发明和发现有效的代替品，而这些都只有依靠经济的增长和科学技术的发展才能实现，否则，即使把经济增长率下降为零,那也只不过是一种消极的办法,顶多只能推迟环境污染的进程,推迟资源耗尽的进程,而不能改变整个趋势。因此,从生态平衡的角度所提出的把经济增长率下降为零的主张,被认为在经济理论上是站不住脚的,在实践上也是行不通的,因为没有一个国家愿意带头把本国的经济增长率下降为零,而只要有一个国家的经济仍在增长,那么世界环境污染和资源耗竭的进程就不会中止下来。

从社会学角度怀疑经济增长的价值并散布反增长论调的资产阶级经济学家,提出的是另外一些"理由",他们问道:经济增长究竟是为了什么呢?是为了这一代人自身的幸福,还是为了后代人的利益?如果说经济增长是为了这一代人自身的幸福,那么在经济增长过程中所带来的生活紧张、环境污染、噪音等等,恰好是幸福的抵消。如果说经济增长是为了后代人的幸福,那么这种幸福被认为是虚构的。因为这一代人并不是后代人,这一代人所理解的幸福并不等于后代人的理解的幸福,这一代人所珍视的东西也不一定是后代人所珍视的东西。甚至后代人还会讥笑这一代人,认为这一代人所致力的经济增长给他们带来了资源耗竭、环境污染等等麻烦。

从社会学角度怀疑经济增长的价值并散布反增长论调的资产阶级经济学家还提出了这样的"理由",他们说:经济增长率不是按国民生产总值或国民收入增长的百分比来计算的吗?国民的福利程度不是按平均每人的国民生产总值或国民收入的多少来衡量的吗?如果经济增长了,那么下一代与这一代相比,平均每人的国民生产总值或国民收入的数值是增加的,正如这一代与上一代相比,平均每人的国民生产总值或国民收入的数值也是增加的一样。因此,以平均每人的国民生产总值或国民收入作为衡量福利的标志,后代人是"富人",这一代人就算是"穷人"了。既然如此,为什么这一代的"穷人"要为后代的"富人"节衣缩食,增加积累,致力于经济增长呢?

你我也许都会感到，资产阶级经济学家的这些反增长论调未免荒唐得可笑。其实，问题何止是荒唐可笑！反增长作为一种社会思潮，并不是个别经济学家个人挖空心思想出来的，他们的这些论调是资本主义经济增长过程中所出现的颓丧的社会情绪的反映。有些资产阶级经济学家把这种颓丧的社会情绪称作人生的"疲倦感"。我觉得，用人生的"疲倦感"这几个字来形容当前资本主义较高的物质文明条件下人们的精神状态，虽然不十分确切，但还是可以说明一些问题的。所以我想在这里专门谈谈当前的资本主义国家中所谓的人生的"疲倦感"问题。

（二）为什么会对人生感到"厌倦"？

罗斯托在分析战后资本主义国家的经济增长时曾经谈到，20 世纪 50 年代以来，耐用消费品在西方主要资本主义国家越来越普遍地被居民所使用，从这时起，这些国家进入了一个所谓"高额消费社会"的阶段。人们追求耐用消费品，借钱购买耐用消费品，维修和更换耐用消费品。对耐用消费品的兴趣成为这些国家的居民生活的显著特点。罗斯托尽管是一个为垄断资本主义制度辩护的资产阶级经济学家，但他毕竟从这里发现了一个问题，他写道，耐用消费品越来越多，久而久之它们将会失去对人们的吸引力；在没有耐用消费品的时候，人们会追求耐用消费品，为此而拼命工作，一旦耐用消费品变得越来越多了，他们还会追求什么呢？他们会感到过多的耐用消费品是一种累赘、一种负担，他们会感到无聊，会感到自己的精力、才干没有可以发挥的机会，他们会产生对生活的厌倦之感，甚至他们想回到 18 世纪的乡绅生活中去。罗斯托认为，只要资本主义国家中出现耐用消费品过多的情形，那么人们心理上、精神上的这种变化将是不可避免的,这就给人们未来的生活提出值得思考的新课题:对追求耐用消费品感到"厌倦"的人们,下一步将把什么作为追求的目标?我感到,不能简单地否定罗斯托所谈到的这一切,因为在西方资本主义国家中,家庭耐用消费品使用的普遍化的确引起了一些社会学方面的新问题。

所谓对生活的"厌倦",或者所谓人生的"疲倦感",实质上是指资本主义世界中普遍存在的精神空虚而言。在"金钱就是一切"的资本主义社会中,人们在精神方面的空虚感是从来就存在的。但资本主义经济增长到一定阶段,在社会上出现较多的耐用消费品之后,这种普遍的精神空虚却有了新的表现形式,这就是人们追求各种各样的耐用消费品,追求各种日新月异的消费方式,甚至追求离奇的消费方式。在这种情况下,消费已经不再是原来意义上的消费了,消费具有新的含义,成为资本主义制度下人们精神空虚的一种写照,成为在精神生活中找不到出路的人们的一种寄托。

一些资产阶级经济学家、作家、社会心理学家近年来都针对这种现象进行了比较细致的描述。

在当前资本主义社会中,人们为什么追求各种新奇的消费品?原因之一,据说是为了想得到"平等"。怎么理解这一点呢?要知道,资本主义现实世界本来是不平等的,人们在实际生活中时时刻刻感受到这种不平等。于是在实际生活中处于不平等地位的人便把追求和得到一定的消费品看成是"平等"的象征。比如说,有钱的贵妇人能够戴上珍珠、宝石的项链,普通的家庭妇女戴上有机玻璃的项链,看起来不也差不多吗?这正如资产阶级社会学家奥格本(A. Ogborn)所指出的,塑料珠宝、人造纤维和化妆品的大规模生产,电视机和汽车的推广使用,使过去作为阶级标志的外表逐渐"失去了意义"。家用电器设备、交通工具、服装和装饰上的相似,给那些处于不平等地位的人们一种自我安慰的感觉，仿佛他们与有钱人在消费方面是"平等"的，穷人和富人在外表上的差异也就不那么显著了。这就是消费在现代资本主义条件下的一个"新"的含义。

又比如说，在资本主义制度下，生产者和生产资料是分离的，生产者在工作岗位上受到雇佣纪律的束缚，受到雇主的支配，他们感到自己是身不由己的。那么怎样才能做到"自己支配自己"呢？他们认为这只有在工作时间之外，在工作场所以外，也就是在消费领域内才能实现这一点。他们感到，唯一能够表现自己的"独立性"的或使精神上得到寄托的，就是追求和占有消费品，就是给自己安排某种独特的消费方式。有的资产阶级经济学家举例道：小汽车有黑色的、棕色的、蓝色的，为什么这个消费者偏偏要购买一辆粉红色的小汽车呢？他标新立异，为的是想表现自己的"独特的"性格、"不同于一般人的"鉴赏力，他用购买商品时的选择来表现这一点。为什么时装的式样年年翻新？为什么有些人的打扮总是与众不同？为什么有些人的行动举止总是一反常态？可能他们是为了表现自己对世俗的不满，表现自己"清高"，表现自己"看破红尘"。这也是在生活方式上使自己的精神得到某种寄托、发泄的一种形式，因为在生产者和生产资料相分离以及生产者受到雇主的支配的资本主义社会中，身不由己的生产者唯一能表现自己的"自由"和"独立"的，是在生活领域内、消费领域内。这又是在当前资本主义条件下消费所具有的一种新的含义。

近年来，在西方经济学作品中，经常提到现代资本主义社会中普遍存在着"为消费而消费"的风气。什么叫做"为消费而消费"？这就是说，购买本身可能是无目的的，消费者购买消费品时，并不是因为所购买的消费品是自己生活上所需要的东西，而只是因为购买活动本身使购买者在心理上得到"安慰"，得到"寄托"，甚至只是为了向周围的人表明自己是一个"独立"的人、一个"有购买能力"的人,或者是一个"与别人一样的"人。所以说,"为消费而消费"风气的产生和流行,实际上正是现代资本主义社会中人们精神空虚的一种反映。

人们追求日新月异的消费品的社会风气,成为物质产品丰裕之后的资本主义社会的特征之一。但是,拥有较多消费品的居民是不是真的在精神上得到了满足呢?不是这样,他们往往陷入了另一种苦闷之中。由于不少消费品是通过消费信贷得到的,这样,消费品的持有者背上了沉重的消费债务。耐用消费品的维修和更新又成了消费者的一大心事。不少人不断地偿还旧的消费债务,又不断地陷入新的消费债务之中。一些资产阶级经济学家把这种情形称作"消费品奴役制",也就是说,消费者本想使自己在消费领域内成为"独立"的人,结果反而变成了"消费债务的奴隶",变成了"消费品的奴隶"。不仅如此,由于在资本主义社会里,精神上感到苦闷、空虚的人看不到真正的出路,不理解生活的意义,以为人生的价值就是不断地追求和得到消费品,而这种欲望又是不可能被满足的,于是,一个欲望刚被满足,另一个欲望又出现了。旧的满足诱发了新的欲望,新的欲望不断地出现,新的烦恼仍旧时时刻刻在折磨着自己,更多的精力继续用于追求和赊购新的消费品上。结果如何呢?正如资产阶级经济学家所说的,人们感到物质产品虽然多了,可是生活还是没有什么意义,于是就出现了所谓人生的"疲倦感",产生了所谓对生活的"厌倦"。

有些资产阶级经济学家进而认为这种对生活的"厌倦"是由科学技术进步所造成的。他们问道:科学技术进步了,物质产品越来越丰富了,不正是给人与人之间的关系中投下了新的阴影吗?社会到处都使用电子计算机,人与人之间的关系被电子计算机代替了,这种关系不就变成了物与物之间的关系了吗？比如说，病人到医院去看病，医生给病人诊断，医生与病人之间的关系是人与人之间的关系，病人从医生那里得到的是关心和照顾，如果今后完全用电子计算机的诊断代替医生的诊断，病人还能得到这种人与人之间的关心和照顾吗？再比如说，顾客到商店去买东西，售货员接待顾客，这也是人与人之间一种交往，如果今后完全用自动售货机代替售货员的服务，那么顾客还能得到类似的接待吗？这样下去，人整天同机器打交道，人与人之间在社会上几乎没有什么交往了，那时候，人会感到一切都是冷冰冰的，甚至语言都将失去作用，因为用不着会话了，如果真是那样，生活又有什么意义呢？

有些资产阶级经济学家认为，家庭关系中也同样会出现这种冷冰冰的、没有生气的状况。这是因为，在资本主义经济高度增长之后，家庭规模会越来越小，子女一成年就离开家庭，与家长不相往来，老年人独自生活，会产生越来越大的孤独感。再加上社会风气的败坏，离婚率增大，独身主义盛行，家庭解体，社会歧视老人等等，这一切全被看成是物质产品丰裕之后反而使生活失去意义的象征。在这种情绪的支配下，资产阶级经济学界中，有人提出了"工业社会"不如"农业社会"、"工业化"不如"工业化以前"的种种议论，主张使社会返回到工业化以前的"宁静的"农业生活中去。这种看起来似乎反常的论调，也正是资本主义社会的现实状况的反映。

最后，我们还应当注意到，普遍存在于资本主义国家中的"人生疲倦感"，是一部分人对这个社会经济制度失去信心的表现。正如罗斯托曾经指出的，"厌倦"之感产生的原因之一就在于一些有志于在资本主义社会中进行一番"改革"的人受到了严重的挫折。这里所说的"改革"，是指在资本主义社会的政治、经济、社会生活中实行局部的改良，但在那样的环境中，甚至连局部的改良也不可能成为事实，面对着严酷的现实，这些人消沉了，颓丧了。他们找不到出路，看不到前景，变成冷眼看待现实的玩世不恭的人，甚至走向极端，采取破坏行动，或者厌世、自杀。一些资产阶级经济学家和社会学家承认，这种对生活的"厌倦"之感是一种不可忽视的社会情绪，它正不声不响地使资本主义社会变得越来越动荡不宁。但作为这种"人生疲倦感"产生的根源的资本主义制度，对它却是无能为力的。资本主义社会不但没有力量使这种社会情绪逐渐消失，反而只可能使它们进一步滋长、蔓延。

这一切不是很清楚地告诉我们，当前存在于资本主义国家中的"反增长"情绪和对人生的"厌倦"之感，是同资本主义制度联系在一起的吗？

（三）问题不在于经济增长本身

是资本主义制度，而不是经济增长本身，使资本主义社会中产生了种种社会经济问题，使不少生活在资本主义环境中的人对社会的症结和前景感到悲观失望。在资本主义制度内部进行"变革"当然是不可能的，而要求资本主义国家停止经济增长或主张返回到"工业化以前"的"农业社会"去，在实际上又是根本行不通的。这样，沮丧的情绪只可能有增无减。但不管怎样，从另一个角度来看，这类问题的提出未必不可以供我们深思：在一个经济高度发达的、现代化的社会中，怎样才能使人们不产生对经济增长的失望的情绪？

我感到，在这里有必要回顾一下马克思关于机器统治工人的分析。这个问题对于我们理解资本主义国家的经济增长过程中工人与广大劳动人民的地位而言，是非常重要的。我们知道，马克思在

《资本论》中，曾用"机器统治工人"这一概念来说明资本主义制度下工人与生产资料之间的关系，揭露资本主义社会的内在矛盾。这里所说的资本主义条件下机器统治工人，是指这样一种情况，简单地说就是：机器等生产资料，本来是工人所创造出来的，但在资本主义条件下，工人是雇佣劳动者，机器归资本家所有，生产出来的产品也归资本家所有，这样，工人生产出来的机器并不由工人自己支配，而是变成了一种压迫、剥削和排挤工人的力量。工人同他们生产出来的产品相对立，工人受他们生产出来的机器或资本的统治，这就是《资本论》中所分析的资本主义生产资料所有制条件下工人所处的地位。

在资本主义以前的阶级社会里，劳动者的劳动从本质上说都受到自己产品的支配，因为在那些条件下，劳动者用自己的产品养活了剥削者，壮大了剥削者的力量，结果，剥削者用劳动者所创造的产品加强了对劳动者的统治和剥削。而在资本主义制度下，这种统治和剥削又具有新的特点。为什么这么说呢？因为在资本主义社会中，工人人身是自由的。照理说，人身自由的工人可以不再受任何人支配了，但由于工人失去了生产资料，他们不得不受雇于资本家，这样，工人用自己生产出来的产品养活了资本家，壮大了资本的力量，而他们自己却受到资本的越来越强化的统治。因此，在资本主义制度下，机器统治工人反映的是资本对劳动的剥削关系，是资产阶级与无产阶级两个对立的阶级之间的关系。

现在让我们把问题转到经济高度发达的现代资本主义社会中来。前面已经提到，现代资本主义社会中存在着"为消费而消费"的风气和所谓的人生"疲倦感"。对这些，同样可以从劳动者同生产资料的关系的角度来理解。资本主义社会明明是不平等的，处于不平等地位的人偏偏想要到消费中去寻求"平等"。资本主义现实中，劳动者明明是受雇主支配的，是附属于雇主拥有的生产资料的，是身不由己的，但这些受支配的劳动者偏偏想要在消费品的购买和使用方面去表现自己的"独立性"。当然，他们想要得到的"平等"和"独立"都是虚幻的，至多也只是一种自我安慰。但如果我们从根源上分析，那么我们就不难发现，资本主义制度下劳动者与生产资料的分离，以及劳动者受雇主拥有的生产资料的支配，是产生这种不平等性和依附性的基础，也就是说，这种不平等性和依附性是与资本主义生产资料的私人占有紧密地联系在一起的。资本主义生产资料所有制是劳动者遭受资本主义剥削的根源。

然而，资本主义制度下劳动者受到自己生产出来的、并被资本家占有的生产资料的支配这一情况，随着资本主义国家中技术的迅速发展、生产自动化过程的进行而加剧了。劳动者越来越被束缚在生产流水线上，越来越感到单调、苦闷，他们想在生产领域以外寻找精神的寄托，把实际的不平等幻想为"平等"，把实际的依附性幻想为"独立性"。现代资本主义社会中所流行的消费方式变成了一种麻醉剂、一根绳索，使劳动者在心灵上受到它的侵害而又往往不能自觉，在经济上陷入"消费债务奴役"的地步。这些难道不是资本主义制度本身所造成的恶果吗？

我们不能否认，战后的资本主义经济增长确实为社会提供了丰富的物质产品，但在资本主义生产资料所有制的基础上，劳动者实际上被他们亲手生产出来的丰富的物质产品束缚住了。资本主义经济中劳动者生产出来的物质产品数量越多，劳动者对物质产品的依附就越深。只要我们理解了这一点，那么也就可以理解现代资本主义国家中"为消费而消费"的风气和所谓对生活的"厌倦"之感的根源所在了。因此，问题决不在于经济增长本身，而在于资本主义经济增长的性质。

　　一个社会的经济增长的性质取决于那个社会的生产目的，而一个社会的生产目的又取决于那个社会的性质。资本主义社会是资本家占有生产资料，对雇佣工人进行剥削的社会，剩余价值规律是资本主义的基本经济规律。资本主义生产目的就是获取剩余价值。因此，资本主义社会中的经济增长是以获取剩余价值为目的的。获取剩余价值不仅成为资本主义经济增长的动力，而且也决定着资本主义经济增长的剥削性质，决定着资本主义经济增长是在资产阶级不断地加重对无产阶级剥削的基础上实现的。贫者越贫，富者越富，这就是由资本主义社会性质所决定的资本主义经济增长的必然后果。

　　我们还应当看到，资本主义经济增长是在竞争和生产的无政府状态中实现的。尽管第二次世界大战结束以后，资本主义各国政府鼓吹要实行"经济计划化"，并着手编制各种"经济计划"，但资本主义生产资料所有制的性质决定了资本主义生产不可能真正具有计划性。每一个资本主义企业可以制订自己的生产和销售计划，可以对今后的增长做出规划，但这既不会改变整个资本主义生产的无政府性质，也不可能使资本主义企业的生产、销售和增长按照自己的计划来实现。因为整个社会的生产、销售和增长不可能有统一的计划，各个企业之间又处于激烈的竞争之中，谁都不愿把自己认为必要的生产和技术秘密公开出来，谁也免除不了激烈竞争的风险。相反的是，正由于各个资本主义企业之间处于激烈竞争之中，所以一个企业内部的计划性越强，整个资本主义社会的生产、销售和增长的无政府状态就越严重。资本主义国家的政府即使想协调各个资本主义企业之间的关系，也是难以奏效的，资本主义生产资料私有制的性质决定了这一点。从这里我们可以了解到，资本主义经济增长的无政府性质是由资本主义制度所决定的，它不以个别资本主义企业主或资产阶级经济学家的愿望为转移。

资本主义经济增长的道路，以及资本主义经济增长过程中所发生的各种社会经济问题，现在越来越引起资产阶级经济学家的注意了。今天，连资产阶级中也有不少人认为资本主义经济增长的结果是不能令人满意的。他们甚至说，假定历史能够重新开始，那么他们会选择另外的经济增长道路，而不会像今天这样陷于通货膨胀与失业并发、收入分配失调、生态平衡严重破坏、社会危机深刻化以及人们精神空虚、对资本主义社会前途失去信心的境地中。20 世纪 70 年代，在西方经济学界出现了一种思潮，这就是所谓"小的就是美好的"。为什么说"小的就是美好的"呢？因为在一些察觉到资本主义经济增长的弊病的人看来，如果不是大企业，而是小企业，不是大城市，而是小城镇，那么就不会有现在这样严重的环境污染、城市拥挤、交通阻塞、能源危机、生活紧张等等现象，资本主义社会的"生活质量"就会比现在好得多。这种看法有一定道理。但这些经济学家应该懂得：不仅历史的倒转是不可能的，资本主义经济增长的道路无法重新选择，而且更重要的是，问题不在经济增长本身，而在于资本主义制度所决定的资本主义生产目的和资本主义经济增长的性质。

各种反增长的论调是在经济高度发达的现代资本主义社会条件下出现的。在这个社会中，经济增长加强了垄断资本的统治，扩大了垄断企业的权力，所以经济增长在本质上是为垄断资本的利益服务的。正是垄断资本的利益与社会的利益尖锐地对立的结果，才使资本主义经济增长过程中发生这样或那样的问题，才会使一些对资本主义经济增长感到失望的人产生反增长的情绪。当然，反增长是不现实的，也丝毫无助于资本主义的社会经济问题的解决。

以上所谈的这些，归结起来就是这样一点：要消除资本主义经济增长过程所造成的问题，只有改变经济增长的性质；而要改变资本主义经济增长的性质，那就必须消灭资本主义制度。

　　你也许会问：既然资本主义经济增长决不是我们所向往的，那么我们应该实现什么性质的经济增长呢？既然以追逐剩余价值为生产目的的经济增长道路决不是我们应该追求的，那么我们应该走什么样的经济增长道路呢？我暂且不直接回答这两个问题，你先考虑一下如何？

　　下次再谈。

第四封信
经济学的规范研究和社会的评价标准

××同志：

在上一封信的结尾部分，我谈到了这样两个问题，一是，我们应该实现什么性质的经济增长？二是，我们应该走什么样的经济增长道路？我想你们一定会注意到，这两个问题中都有"应该"这样的字眼。换句话说，在回答"我们应该实现什么性质的经济增长"这个问题时，实际上也就回答了"我们不应该实现什么性质的经济增长"的问题；在回答"我们应该走什么样的经济增长道路"这个问题时，实际上也就回答了"我们不应该走什么样的经济增长道路"的问题。因此，以上这两个问题实际上都包含了"应该"和"不应该"两方面的含义。

当经济学研究涉及"应该"和"不应该"的问题时，经济学的研究已经同伦理学的研究结合在一起了，也就是已经同道德规范的研究结合在一起了。我们知道，伦理学是以道德作为研究对象的科学。道德规范是指从一定的立场或利益出发，来评价人们行为的是非善恶的一种标准。经济学中的伦理原则，是指在一定的社会中，从一定的立场或利益出发，对经济体系运行和人们的经济行为的是非善恶进行评价的依据。立场不同，利益关系不同，对经济体系运行和经济行为的是非善恶的评价显然是不一样的。但在经济学研究中，并不是任何问题都与道德规范有关，对某些经济问题的研究，可以不直接涉及伦理学方面的问题，而是把一定的道德规范当作前提来对待。为了说明这些，让我们先弄清楚什么是经济学的实证研究和规范研究，以及二者的联系和区别。

（一）实证的研究和规范的研究

在西方经济学中，实证的研究和规范的研究是两种不同的研究方法。采取实证研究方法的是实证经济学，采取规范研究方法的是规范经济学。实证经济学说明一种经济体系是怎样运行的，以及它为什么这样运行。也就是说，实证经济学研究"是什么"或"不是什么"的问题。规范经济学对经济体系的运行及其后果进行评价，它研究"应该是什么"或"不应该是什么"的问题。可以举一个例子，比如说经济是怎样增长的，经济为什么会增长，这就是实证经济学的课题。假定生产技术条件不变，那么增加多少投资，可以达到多大百分比的年经济增长率，或者减少多少投资，年经济增长率就会下降到百分之几。这些都是实证的研究。至于说究竟年国民收入中有多大的比重用于投资是最合适的，究竟多大的年经济增长率是最合适的，这就涉及对投资本身和对经济增长本身的社会评价问题了，实证经济学不讨论这个问题。实证经济学是在对经济行为的评价为既定的前提下进行研究。它不直接涉及道德规范问题。规范经济学与此不同。它要研究的是一种经济体系的运行究竟是"好事"还是"坏事"，一种经济行为的后果究竟是"善"还是"恶"。仍以经济增长为例。比如说，什么样的经济增长是"好的"，什么样的经济增长是"不好的"，应该保持多大的经济增长率等等，这些都是规范经济学研究的课题。换句话说，规范经济学是研究经济活动的评价准则的经济学，它提出经济行为的标准，判断什么是"应当做的"，什么是

"不应当做的"，什么是"值得实现的"，什么是"不值得实现的"。如果说 10% 的年经济增长率被认为是"好的""值得争取的"，那就要根据一定的道德标准来说明它为什么是"好的""值得争取的"，如果说 10% 的年经济增长率被认为是一件"坏事""不值得争取"，那也要说明理由何在。规范经济学不像实证经济学那样力图超脱于评价标准以外。恰恰相反，它把一定评价标准作为研究的对象或讨论的基础，再根据这种标准来分析经济观象，制定经济政策。

因此，规范经济学所涉及的是经济方面的伦理学问题，而这一点正是那些坚持用实证研究方法的资产阶级经济学家们所不同意的。他们问道：如果在经济问题的研究中先确立一个是非、善恶、曲直的判断标准，那还有什么科学性呢？如果在经济学研究中掺入了伦理学的原则，岂不是失去了客观性，而成为一种主观的、感情用事的、武断的说教吗？他们甚至提出，经济学研究不是不可以同伦理学研究结合的，但如果把二者结合起来，那就不成为经济学了，可以替它另外起一个名字，反正它不是经济学，如此等等。这反映出西方经济学中有关规范经济学和实证经济学的争论实际上是一场与经济学的性质和研究对象有关的争论。

那么，我们应当怎样看待这个问题呢？在现代西方经济学中，无论是实证经济学还是规范经济学，其理论基础都是庸俗的经济学说，它们所提出的政策主张也都是为资产阶级利益服务的。实证经济学怎样为资产阶级利益服务，这一点比较清楚，因为它所回答的问题是"是什么"或"不是什么"，而不问是非善恶的标准。这样，它们就能根据既定的评价标准来分析和预测某种经济活动的后果，为资产阶级政府和资本主义企业献计献策。至于规范经济学怎样为资产阶级利益服务，这一点就不容易被人们看清楚，因为被资产阶级规范经济学作为前提的那些评价标准是抽象的、超阶级的，从字面上看不出它们的明显的阶级倾向。例如平等、自由、福利等等概念，在不同阶级看来，其含义是很不一样的，客观上不存在一种适用于一切社会、一切阶级的平等、自由和福利标准。而资产阶级规范经济学则掩盖了这些范畴所体现的经济关系的实质，它在超阶级的幌子下宣扬资产阶级的货色。从这个意义上说，资产阶级规范经济学比资产阶级实证经济学具有更大的欺骗性。

但我们也应当看到，实证方法和规范方法作为经济学研究的不同方法，彼此是有联系的。在许多情况下，不能把二者截然分开。经济的实证研究尽管不直接涉及道德规范问题，但也不能摆脱作为前提的经济行为评价标准而变得像数学、物理学、化学一样，经济的规范研究尽管所讨论的是道德规范问题，但也不能变成纯粹的伦理学研究而脱离客观的经济运行的规律。

实证方法和规范方法作为经济学研究的不同方法，二者可以互相补充。在科学的经济理论的指导下，可以根据不同的研究对象使用不同的研究方法，也可以在同一个研究课题中既使用实证方法，又使用规范方法。由于实证方法和规范方法各有特点，各有适用的范围，所以只肯定实证方法而否定规范方法，或者只肯定规范方法而否定实证方法，都是片面的。在有关社会主义经济问题的研究中，我们同样可以根据具体的情况使用实证方法或规范方法，或同时兼用这两种方法。

（二）为什么不宜于用总产值、净产值或国民收入作为社会的评价标准？

在了解了什么是实证研究方法和规范研究方法之后，我们就可以进而讨论社会的评价标准问题了。社会的评价标准是一个规范经济学的问题，因为这里要讨论的问题是说明什么样的社会制度是"好的"，什么样的社会制度是"不好的"，"好"与"不好"这个判断是怎样得出来的，它们在经济理论上究竟有什么根据。

前几封信都谈到了经济增长问题。经济增长用总产值、净产值或国民收入的变动来表示。经济增长率用两个不同时期的总产值、净产值或国民收入的变动来表示，总产值、净产值或国民收入增加，就是经济增长；总产值、净产值或国民收入不变，就是零经济增长；总产值、净产值或国民收入减少，则被称作负经济增长。在西方经济学中，传统的社会评价标准是一个国家的总产值、净产值、国民收入的绝对水平或按人口的平均数。[①] 这就是说，一个国家的总产值、净产值或国民收入越大，或平均每个国民的总产值、净产值或国民收入越多，这个国家就被认为越先进，那样的社会就被认为是优越的。这是一种流行于资本主义国家的观点，它在西方经济学中曾经被认为是不可动摇的原则。

也有一些西方经济学家把这种说法稍稍改变了一下。他们提出，总产值、净产值或国民收入的绝对水平，或它们的按人口平均数，代表着国民的"福利"的大小，总产值、净产值或国民收入或它们的按人口平均数越多，表示国民的"福利"越大，而国民的"福利"越大，则说明那个社会越优越。这种用国民的"福利"多少作为社会评价标准的论点，实际上与直接用总产值、净产值或国民收入大小作为社会评价标准的论点并没有什么区别。

我们说，一个国家的总产值、净产值或国民收入的绝对值的确

---

①　应当注意的是，在现代西方的经济核算体系中，对所有取得收入的部门（包括物质生产部门和非物质生产部门）都计算总产值、净产值和国民收入；并且，净产值也不等于国民收入。简单地说，总产值减去折旧等于净产值，净产值减去间接税等于国民收入。

是一些有用的国民经济统计指标，它们可以表示一个社会已经达到的生产力水平或一个国家的经济力量的大小。特别是一个国家按人口平均的总产值、净产值或国民收入的大小，除了可以表示它的经济力量大小，产品的丰裕程度之外，还可以反映它的物质产品生产和人口增长之间的适应程度。因此，在制定一个国家的经济和社会发展规划时是需要利用这些指标的。

然而，这些指标主要是用来表示一个国家的生产力发展水平的，如果把它们直接用作社会的评价标准，甚至把它们当成是社会评价的唯一标准，那么它们很可能给人们以一种错误的认识，使人们以为只要总产值、净产值或国民收入的绝对值越大，或者只要按人口平均的总产值、净产值或国民收入越多，一个国家就越先进或一种社会制度就越优越了。为了说明这些指标不足以成为社会的评价标准，让我们看一看这些指标本身究竟存在着哪些局限性。

第一，总产值、净产值或国民收入指标都是综合性的指标，它们只是说明一个国家在一定时期内（比如说一年）所生产出来的产品价值的总量，但不能反映产品的结构，不能告诉人们这段时期内的总产值是由哪些产品的产值组成的，不能说明各种产品的产值之间的比例如何。假定后一个时期的总产值比前一个时期的总产值增大了，那么总产值的变动并不能反映各种产品之间的比例的变动情况以及不同产品的相对增长率。

可以举些例子来说明。比如说，在资本主义国家中，军火是社会生产的主要产品，它们在总产值中占据一定的比重。假定后一个时期与前一个时期相比，除军火以外的其他产品都没有增长，军火的产值大大提高了，总产值当然也就增长了。但这样的经济增长能够说明国民实际得到的利益增多了吗？显然是不能说明的。再比如说，在资本主义国家中，对社会有害的产品（如赌具、黄色书刊等）

的产值是计入总产值的，这些产值的增长使得总产值增长，难道我们能够认为这样的经济增长意味着国民实际得到的利益的增多吗？

第二，总产值或净产值指标只是说明一个国家在一定时期内所取得的生产方面的结果，但并不反映在这段时期内为了取得这些结果而付出了多大的代价，包括人力和自然资源的消耗等等。尤其值得注意的是，在为取得这些结果所付出的代价中，可能还包括居民在精神和物质生活方面所遭到的损失。

以资本主义国家的情况来说。假定一个国家在一个时期内不顾自然资源和环境的状况，大肆砍伐树木，结果木材产量增加得多，这使得总产值增长了，但滥伐树木所引起的环境破坏和资源破坏对此后的国民经济和居民生活所造成的损失却不反映于总产值的增长之中。同样的道理，不顾资源状况而滥捕鱼类和滥采矿石，也有可能在一个时期内使总产值增加，但由此给国民经济造成的损失也是总产值指标无法反映出来的。

从人力资源的损失来看，总产值或净产值指标的缺陷也是很清楚的。生产者的健康状况在总产值或净产值增长过程中会有什么样的变化，这一点不可能由总产值或净产值本身反映出来。比如说，在资本主义国家中，某些工厂和矿区利用了童工，童工的身体在生产过程中受到很大摧残，这是一国人力资源的巨大损失。但雇用童工的工厂和矿区的产值却有可能增长，人们不应当只看到总产值或净产值的增长，而看不到一国在人力资源方面的损失究竟有多大。又如工厂中的工伤事故多，污染情况严重，工人得职业病的多，早衰的多，这些人力资源的损失也不反映在总产值或净产值之中。再如，假定工厂排放的废水流入了江河，又被灌入农田，结果使得水产资源破坏，使农作物受到很大污染，这些又直接危害消费者的健康，那么这样的损失也是不包括在总产值或净产值指标之中的。

此外，总产值或净产值的增加，还有可能给一国居民带来各种精神上和物质生活上的损失，如噪音对健康的影响、城市交通阻塞给居民生活造成的不便等等。总产值或净产值指标同样不能反映这些情况。

第三，对于一个国家的居民来说，有许多项目是与国民的利益直接有关的，但它们并不包括在总产值或净产值之内。比如说，工作者的较多的业余时间及其合理的利用、居民在生活方面所得到的便利、居民体质的增强、居民平均寿命的延长等，都应当被认为是生活状况的改善。但由于在计算总产值或净产值时不包括这些内容，这不能不被认为是总产值或净产值指标的局限性。

第四，按人口平均的总产值、净产值或国民收入并不反映收入分配的实际情况。比如说，在某一个资本主义国家中，占人口一定百分比的最贫穷的居民收入极少，而人数极少的富翁们却拥有巨额的收入。如果用全国人口数除以国民收入总额，那么所得出的平均每人国民收入数字可能比较高，但贫富差别却根本反映不出来。所以在资本主义国家中，这种平均数掩盖了各阶级和阶层成员在收入分配方面的差距。

总之，资产阶级经济学中那种以总产值、净产值或国民收入的绝对值或它们的按人口平均数作为衡量社会先进程度或优越程度的尺度的传统观点，在理论上是站不住脚的。正因为如此，所以今天即使在西方资本主义国家中，总产值、净产值或国民收入指标的局限性，也已经被越来越多的人所察觉了。有些资产阶级经济学家还把第二次世界大战结束以来西方经济增长所带来的后果，同以总产值、净产值或国民收入指标的缺陷联系在一起。他们认为，正是由于资本主义国家的政策制定者不了解这些综合性指标的局限性，把单纯追求总产值、净产值或国民收入的增长当作衡量经济和社会发展的唯一尺度，于是就造成了尽管物质产品"丰裕"，但社会经济问题却越积越多的结果。

如果说总产值、净产值或国民收入指标有局限性，那么能不能加以修正呢？如果不以总产值、净产值或国民收入作为社会评价的标准，那么能不能用其他指标来代替它们呢？ 20世纪70年代以来，西方经济学界不断有人在这方面进行探讨。他们提出了各种可供替代的指标，或者对总产值所包含的项目进行调整，从中减去一些产值，又补充一些新的项目。比如说，一些引起环境污染的生产单位，因造成污染而给国民经济造成了损失，于是就需要从总产值中减去这种损失；或者，由于生产技术的进步而使人们的工作时间缩短了，那就应当把人们因业余时间的增加而得到的利益折算成货币值，加到总产值之中。持有这些看法的资产阶级经济学家认为，虽然总产值指标本身存在着各种缺陷，但只要进行这样一些调整，使它们变成"校正过的"总产值，那么它们仍是可以用来衡量经济增长给人们带来的实际利益的，从而仍是可以用作社会评价的标准的。

也有一些资产阶级经济学家提出，即使对总产值指标进行调整，从中减去一些产值，又增加一些项目，但还是不足以全面反映一个国家经济和社会发展的情况，所以他们准备用其他指标作为替代物，例如他们建议采取某种新的综合指标，这种新的综合指标中包括一些与居民基本物质和文化生活状况有关的指标，如死亡率、婴儿死亡率、居民文化程度、居民营养状况等。应当承认，这些资产阶级经济学家在考虑经济和社会发展时能注意到居民的基本物质和文化生活现状以及居民在这些方面的需要，这一点是可取的，因为诸如此类的新的综合指标与总产值这样的综合指标相比，能较好地说明社会居民的生活状况的改善或恶化，反映社会的生活质量的变动。但我们也应当看到，这些资产阶级经济学家由于对社会经济制度的本质缺乏认识，他们并没有真正理解社会的生活质量的含义，而是习惯于从抽象的、超阶级的、超历史的概念出发来空泛地议论人们的基本生活需要和社会的生活质量，所以即使他们主观上想寻找一种可以替代总产值的、衡量社会生活质量的指标或指标的体系，但实际上是做不到的。同时由于他们往往混淆不同社会制度之间的界限，他们对社会经济发展前景的看法反映了他们对资本主义制度存在着不切实际的幻想，以为在资本主义制度下，只要注意到社会的生活质量的改善，只要在居民物质和文化生活方面采取某些改良的措施，就可以避免资本主义经济增长所带来的弊病了。这显然是一种天真的想法。

（三）从关心和培养劳动者的角度来考察社会的评价标准问题

前面谈到，社会的评价标准是一个规范经济学问题，理论经济学的研究是不可能脱离规范的讨论的。现在，我们已经了解到，总产值、净产值或国民收入虽然是有用的国民经济统计指标，是可以表示一国生产力发展水平的统计指标，但我们不能单纯以一国总产值、净产值或国民收入的多少作为衡量一国社会经济制度先进程度的指标，也就是说，我们不能单纯以一国物质产品的多少作为社会的评价标准。既然如此，那么我们应该怎样选择社会的评价标准呢？如果说西方经济学界有关总产值指标调整的设想以及所提出的各种替代总产值指标的衡量方法仍然不足为据的话，那么我们应当提出什么样的社会评价标准呢？我们应当如何利用它们来把我们的社会主义社会同资本主义社会进行比较呢？

我想，从经济学的伦理原则来看，这个问题应当以"劳动者是社会的主人"这一命题作为讨论的出发点。

我们知道，人类社会为了存在和发展，必须获得物质资料，包括生产资料和生活资料。人们获得这种物质资料的方式，就是社会的生产方式。生产方式既包括生产力，又包括生产关系，它是生产力和生产关系在生产过程中的统一。在生产力中，人的因素，也就是劳动者的因素占着特别重要的地位。劳动者是生产过程的主体，在生产中起着主导作用；劳动者是首要的生产力。物质资料只有被劳动者所掌握，只有同劳动者结合起来，才形成现实的生产力。一部机器，不管它如何先进，如果不被劳动者所使用，它只不过是一堆废物，它的效率就发挥不出来。同时，正是由于劳动者在生产过程中不断地积累了经验，提高了自己的技能，把自己的知识不断地运用于生产实践之中，改造、更新和发明了生产工具，才能为社会提供更多的财富，才能提高人类控制和征服自然的能力。这表明，劳动者不仅是首要生产力，而且是生产力前进的推动者。

以上所谈的这些都是一般政治经济学教科书里已经阐明的。归结起来，就是说：劳动者是物质财富的创造者，是社会的当然的主人。我想，这一点是我们大家都承认的。既然如此，那么对社会的评价标准就应当以"劳动者是社会的主人"这一命题作为出发点。劳动者成为社会的主人还是不成为社会的主人，这是从规范经济学角度来评价社会主义社会和资本主义社会的基本依据。

如果我们同意把"劳动者是否成为社会的主人"作为评价社会的标准，那么，我们接着就需要确定这一评价标准究竟包含了哪些内容。这个比较笼统的标准能不能具体化呢？我想在这里谈谈自己的看法。

要判明劳动者在一个社会中是不是成为社会的主人，主要的依据在于：劳动者在社会生活中处于什么样的地位？社会是不是关心劳动者、培养劳动者？你也许会问：为什么要根据这些来判断？其实，道理是很简单的："劳动者成为社会的主人"这一点，不应当是一句空话，而应当通过劳动者所处的地位反映出来，通过他们实际的物质和精神生活反映出来。如果劳动者成为社会的主人，那么在这样的社会中，人剥削人的现象不应当存在，劳动者受到社会的尊重、关心和培养，劳动者的物质和精神生活方面的需要日益得到满足。如果劳动者并未成为社会的主人，或者他们实际上并没有成为社会的主人，那么生活在这样的社会中的劳动者得不到社会的尊重、关心和培养，他们的实际的物质和精神生活方面的需要也不可能得到满足。这种区别是很明显的，也是可以被检验的。

因此，只要我们从关心劳动者和培养劳动者的角度来考察社会的评价标准，那么我们对社会主义社会和资本主义社会的性质将会有较深入的认识，而不会仅仅停留在表面现象上，也不会满足于一些抽象的、空泛的议论。同时，如果我们以这样的尺度对社会主义社会和资本主义社会进行比较，那么一个社会究竟是否关心和培养劳动者，或者说，究竟在何种程度上实现了对劳动者的关心和培养，总产值、净产值或国民收入的绝对水平以及它们的按人口平均数作为指标就远远显得不够了，即使是经过校正的总产值指标也会显得非常不够。我们需要建立的将是另一套社会评价的标准体系、一套从规范经济研究出发来制定的社会评价的标准体系。

（四）社会评价的标准体系

一套从规范经济研究出发的社会评价的标准体系，应当是从物质生活和精神生活两方面来评价社会对劳动者实际关心和培养程度的标准体系。它包括以下这些内容：

第一，这是不是一个消灭了人剥削人的制度的社会？是不是一个平等的社会？

从劳动者是否成为社会的主人或从对劳动者的关心和培养的角度来看，这条标准应当是最基本的标准，也是下面所要提到的其他各条社会评价标准的前提。人剥削人的社会就是劳动者遭受剥削的社会。如果像资本主义社会那样，劳动者在社会上处于受剥削的地位，剥削者不劳而获，那又怎么谈得上劳动者作为社会的主人呢？又怎么谈得上对劳动者的实际的关心和培养呢？这里所谈到的平等，是就劳动者对生产资料占有的关系而言的。一个不平等的社会是指一个存在着阶级对阶级的剥削的社会，也就是存在着一部分剥削者占有生产资料，并凭借自己的这种占有来剥削那些被剥夺了生产资料的劳动者的社会。从这个意义上说，平等是指消灭阶级，消灭人对人的剥削。

第二，这是不是一个能够满足人们基本生活需要的社会？

什么是人们的基本生活需要？简单地说，它们包括吃饭、穿衣、住房、健康等方面的需要。从劳动者是社会的主人以及对劳动者关心和培养的角度来考察，在一个社会中，如果劳动者的基本生活需要都得不到满足，劳动者不得不挨饿、受冻，露宿街头，健康状况很差，那么不管怎么说，这样的社会不如一个能使劳动者基本生活需要得到满足的社会。

当然，随着生产技术的发展和社会的进步，用历史的眼光来看，人们基本生活需要的内容将不断丰富。但这并不妨碍我们把满足人们的基本生活需要作为社会评价的标准之一。可以设想，如果一个社会中存在着大量饥民、乞丐，传染病和流行病的发病率很高，死亡率、婴儿死亡率很高，劳动者的平均寿命较低，那么尽管这个社会能够提供丰裕的物质产品，但由于社会的经济增长的成果不能被用于满足人们的基本生活需要，社会所提供的丰裕的物质产品不能使饥民免于饿死，使流浪者免于漂泊，使那些本来可以治愈的病人免于死亡，所以这样的社会不如一个物质产品虽然不那么丰裕、但却能满足人们的基本生活需要的社会。

第三，这是不是一个能够满足人们"发展自身"的要求的社会？

在这里，人们"发展自身"的要求是指人们的聪明才智能够得到发挥。人们不仅要吃饭，穿衣，有房子住，而且需要有理想，有文化，有知识，人们的精神生活能够得到满足。一个社会，如果只有物质财富，而精神上的财富却是贫乏的；如果只能给劳动者以物质生活上的某种满足，而不能满足劳动者在精神生活上的需要，那么这样的社会是有重大缺陷的，因为在这样的社会中，劳动者不是全面发展的人。

事实上，劳动者物质生活上的需要与精神生活上的需要是密切联系在一起的。在一定的物质生活上的需要得到满足的基础上，劳动者必然会产生精神生活方面的一定的需要，并希望它们得以满足。精神生活需要的满足，意味着劳动者在全面发展方面的进展，这又将促进物质生产的进一步发展，并在这个基础上，使劳动者产生更高的精神生活上的需要。反之，即使劳动者的一定的物质生活需要得到了满足，但如果他们的精神生活需要得不到满足，他们得不到全面发展的机会，那么这不但会影响物质生产的发展，而且会给社会生活带来长远的消极后果，使劳动者成为片面发展的人，使社会生活畸形化。

第四，这是不是一个能够使人们有"安全感"或"保障感"的社会？

这里所说的"安全感"或"保障感"，是指人们对现在的生活和未来的生活感到放心，没有忧虑。缺乏"安全感"或"保障感"，是指人们生活在一种对现在的生活和未来的生活没有信心、忧虑重重、处在惶惶不安的环境中。因此，即使人们的物质生活方面的需要可以得到满足，但他们仍然感觉不到幸福。

"安全感"或"保障感"的建立固然与社会的经济状况有关，但它们并不仅仅同经济状况有关。它们在很大程度上是一个社会问题。比如说，劳动者的晚年生活能否得到保障，劳动者是否觉得自己的晚年可以幸福地、无忧无虑地生活，这就不仅是一个经济问题了。家庭成员之间的关系以及这方面可能发生的变化，子女将来对年老的家长的态度，家长对子女成年后能否成为有益于社会的人的关心，社会将来对待老年人的态度等，这一切都影响到人们的"安全感"。再如，社会治安状况也是一个影响人们的"安全感"的有力因素。一个社会，尽管物质产品丰裕，但治安状况很差，犯罪率很高，这样的社会无论如何也不能被认为是使人们感到有保障的社会。

第五，这是不是一个有良好的道德风尚，人与人之间有"信任感"的社会？

人们生活在社会中，人与人之间时时处处发生联系。假定一个社会没有良好的道德风尚，到处是尔虞我诈，相互倾轧，人对人没有"信任感"，人们彼此以虚伪相待，毫无诚意可言，那么，在这样的社会中，即使有丰裕的物质产品，生活在那里也不会感到幸福。特别是，一旦自私、贪婪、虚伪、欺骗成为社会风气之后，不但人与人之间没有"信任感"，而且连人们的"安全感"也会自然而然地消失，因为在这种社会风气之下，人们不得不彼此提防，互相揣摩窥测，实际上也就是生活在紧张的精神状态之中。

以上是从规范经济研究的角度提出的社会评价标准体系。这五项标准是统一的，它们从不同的方面说明了应该按照什么样的标准来对社会主义社会和资本主义社会进行评价，以及应该用什么尺度来对这两种社会进行比较。这五项标准归结起来就是一点：以关心劳动者和培养劳动者作为社会评价的出发点，而不是单纯以物质产品的多少或经济增长率的高低作为社会评价的标准。

正如前面已经说过的，这些只是我个人的一些看法，仅供你参考，不知道你的意见如何？你是否也认为对社会的评价不能离开规范的讨论？你是否也认为应当用对劳动者的关心和培养情况作为社会主义社会和资本主义社会相比较的尺度？

当然，我们应当承认，以上面提到的这五项标准来衡量，在某些方面，目前我们离开上述标准的要求还有不少差距，特别是其中第三项和第五项，距离还是相当大的。但是，我们不要认为我们这也不行，那也不行。不。如果用上述这些标准对当前世界各国进行社会评价和社会比较的话，我们将会有一些新的认识。要知道，假定采取资产阶级经济学中的传统的社会评价标准，比如说用平均每人的国民收入来比较，我国可能被排在世界第一百二三十位。单纯从这一点来看，会感到我们很贫穷，很落后。说我们平均每人国民收入较低，生产力水平较低，这是事实。说我国目前还是一个穷国，不是一个富国，这也符合实际情况。我们不必否认这些，因为这是历史造成的。并且，我们不但要承认这一点，更要下决心发展生产，迎头赶上。但是，如果用我们在这里所提出的以对劳动者的关心和培养程度作为衡量尺度的社会评价标准体系来看，那么我们将会看到平均每人国民收入这一指标所不能告诉我们的许多东西。把我国同资本主义世界各国相比，以上述第一个标准来说，情况截然不同，因为在它们那里，劳动者处于受剥削的地位，在我们这里，人剥削人的制度已经消灭了，劳动者成为社会的主人了。以上述第四个标准和第五个标准来说，我们也比资本主义世界各国优先得多，因为在它们那里，"安全感""保障感"是十分缺乏的，这一点连资产阶级经济学家也不否认。在资本主义国家中，关于人与人之间的"信任感"，那就根本谈不到，在那种一切浸透了金钱关系，人与人之间关系如此冷漠的利己主义环境中，哪里还谈得上什么彼此以诚相待的"信任感"呢？就以第二个标准和第三个标准，也就是以满足人们的基本物质生活需要和精神生活需要来说，尽管我们目前已经达到的水平还比较低，但我们在全世界范围内，仍有可能排在比较前列的位置，也许只有 20 几个发达的国家超过我们。这也是资产阶级经济学家无法否认的事实。我们可以看到，在我们这里，人民有饭吃，有衣穿，有房子住；没有妓女，没有吸毒，没有危害人民身心健康的色情的戏剧和书刊；没有那样多的传染病、流行病；人们的健康水平是比较好的，平均寿命是高的，死亡率、婴儿死亡率是很低的；我们的社会经得起严重自然灾害的考验，而不像资本主义世界许多地区那样，在严重自然灾害的打击下连人民的最低的生活水平都无法保证。这一切难道不是用来对社会主义社会和资本主义社会进行评价时很有说服力的证据吗？所以说，按照上述的社会评价体系对社会主义社会和资本主义社会全面地进行比较，就能得出实事求是的、令人信服的答案。

看来，对于经济学的青年爱好者来说，懂得经济学中的伦理原则是必要的，学会运用规范方法来研究问题也是必要的。经济学不是单纯研究物质财富的科学，而是研究如何增加财富并利用人们创造出来的财富来满足人们物质和文化需要的科学，是研究"人与人之间关系"的科学，是研究如何关心劳动者和培养劳动者，使劳动者真正成为社会主人的科学。因此，我们在谈到遵循经济学中的伦理原则时，并不是要抽象地讨论道德规范与人们的经济行为之间的关系、利益与道德之间的关系，而是要把人看作处于一定生产关系中的人，要从人们在生产关系中的不同地位和不同利益出发，去判

断经济行为的是非善恶。如果我们能理解这些，那么我们一定会在
社会的评价问题上和其他有关经济行为的判断问题上，逐渐掌握规
范的研究方法。

　　你也许会提出一个问题：经济学研究一旦涉及了经济行为的是
非、善恶、曲直的道德判断问题，那么究竟还算不算经济学研究？
它是不是已经变为经济学范围以外的另一门科学的研究了呢？其实，
在这封信的前面一部分，我已经回答了这个问题。要知道，伦理学
是关于道德的产生和发展规律的学说，是以道德作为研究对象的，
而道德的基本问题也就是人与人之间的关系问题。经济学作为研究
人与人之间的关系的科学，它不可避免地要涉及道德判断问题。因
此，规范经济学作为研究经济行为的道德判断问题的科学，是属于
经济学范围之内的。

　　在我看来，只要经济学把注意力放在对人与人之间的关系的研
究方面，经济学的伦理原则将是无法回避的。你说，是不是呢？

第五封信
不同的经济理论和不同的社会目标

××同志：

上一封信谈到了社会的评价标准问题。从社会的评价标准可以了解到，我们所向往的社会应当是符合这些评价标准的社会，并且，一个社会越是符合这些评价标准，那么它也就越是令人向往的。所以说，可以把建成符合这些社会评价标准的社会看成是值得争取实现的经济和社会发展目标。这里所说的经济和社会发展目标，是指一个社会通过经济和社会发展所准备达到的境界。我们可以把经济和社会发展目标简称为社会目标。

那么，怎样争取实现符合上述社会评价标准的社会目标呢？经济增长当然是必要的，因为如果社会的经济停滞不前，甚至经济是衰退的，那也就谈不上如何满足人们的物质和文化生活的需要，谈不上什么社会对劳动者的关心和培养了。所以为了实现上述社会目标，经济必须持续地增长。问题是：如何才能在社会经济增长的过程中使得劳动者的物质和文化生活的需要全面地得到满足，使得社会对劳动者的关心和培养得以全面地成为事实。这就不可避免地要探讨有关经济增长的道路问题。这是这封信所要谈的主要内容。

（一）为什么我们不能走资本主义国家
走过的经济增长道路？

　　我们知道，资本主义国家的经济发展到目前这样的水平，从它们开始工业化算起，经历了少则 100 年（如日本），多则 200 多年（如英国）的时间。没有这样长时间的经济发展，它们要达到今天这样高的平均每人国民收入数值，是不可能的。但除了时间长这一点外，它们的经济之所以能够达到今天这样的水平，还与它们曾经走过的经济增长道路密切有关。那是一条靠掠夺、奴役国外人民和剥削本国劳动人民来积累资本，实现经济增长的道路。

　　我们的社会目标和我们的经济增长的性质决定了我们不能像它们那样走对外掠夺和对内剥削劳动人民的道路。关于这条道路的性质，我不必细说了，因为我们的目标是要消灭一切人剥削人的制度，而在我们提出的上述社会评价标准中，第一条就是以消灭剥削作为衡量的准则，这清楚地表明我们的经济增长在性质上与资本主义国家是根本不同的。我相信你一定反对像资本主义国家那样的以对外掠夺和对内剥削作为特征的经济增长。

　　现在，让我们较深入地讨论这个问题。前面已经谈到，一个社会，尽管物质产品丰裕，但如果人们缺乏"安全感""保障感"，人与人之间缺乏"信任感"，人们普遍感到精神空虚，认为生活没有意义，对社会和个人的前景感到渺茫，那么，这样的社会肯定不是我们的理想所在。然而，正如当前资本主义社会的现状所表明的，资本主义经济增长的结果，至多也只能把人们带到这样的社会中去。资产阶级经济学家今天所说的"高额消费社会"，也正是这样的社会。试问，难道我们能够接受一个物质产品虽然丰富，但精神空虚的未来世界吗？难道我们今天进行经济建设，是为了使我们自己和我们的下一代生活在那样一种社会中吗？我相信你也一定不会同意这一点，因为资本主义国家的现实已经清楚地告诉我们，仅仅有丰裕的物质产品，而社会道德败坏，社会风气萎靡，人们思想颓废，对生活产生"厌倦"之感，这不会给人们以真正的幸福，而只会给人们带来痛苦和烦恼。

姑且不谈资本主义国家的消费者陷入消费债务这一事实，也不谈由于收入分配的失调而使得城乡贫民无法得到耐用消费品，甚至生活必需品的情况，就算耐用消费品真的在资本主义国家中普及了，难道对耐用消费品的拥有能够改变资本主义社会中工人的雇佣劳动者地位吗？能够弥补社会危机给人们造成的精神上的损害吗？如果整个社会处于动荡的、不安的状态，如果家庭解体的速度在加快，老年人的孤独感日益加深，青少年的犯罪率不断上升，那么，即使一个家庭中拥有较多的耐用消费品，这难道能真的增添家庭生活的乐趣吗？如果所谓的"高额消费社会"真的那么美好；如果资本主义社会中物质产品的增产真的能给人们以幸福，那又怎么会产生种种"反增长"的论调呢，怎么会产生对增长价值的怀疑，而主张返回到工业化以前的社会去呢？

从社会评价标准的讨论中，你自然而然地会做出这样的判断，如果说经济增长的前景只可能是像今天资本主义社会那样的"高额消费社会"，那么这样的经济增长道路不仅是令人失望的，而且是不能供我们选择的。换句话说，我们不能走那样的经济增长道路。

要知道，社会主义社会决不是一个单纯的物质产品丰裕的社会。它应该成为一个高度的物质文明与精神文明相结合的社会。在这个社会中，在社会主义生产资料公有制和按劳分配的基础上，在人们的物质生活需要不断得到满足的同时，人们"发展自身"的要求也将得到满足，劳动者将成长为全面发展的人。在这个社会中，人们有道德，讲文明，守纪律，有文化，人与人之间充满了同志式的信任感，人们对生活的前景和社会的未来充满了信心。这就要求我们在制定社会主义经济增长规划时，不能沿袭资本主义经济走过的老路。否则，即使我们在将来的某一年实现了耐用消费品方面的相对丰裕，被资产阶级经济学家列入了有高度消费水平的"高额消费社会"之列，但这又意味着什么呢？难道资本主义社会今天产生的各种社会问题不会在我们这里重现吗？难道我们自己或我们的下一代不会面临精神空虚、颓废以及"反增长"之类的问题吗？难道不会发生一些人把追求享受、追求离奇的消费方式作为精神寄托的现象吗？如果我们不注意这些问题，上述情况是有可能发生的。如果真的发生了这种情形，应当承认，那是我们的失败，那是对不起无数流血牺牲的革命先辈的。

（二）为什么我们必须否定西方经济学家关于社会目标的理论？

记得我在第一封信里就曾提到，现在有些青年同志看到第二次世界大战以后较长一段时间内，西方主要资本主义国家出现过相对的稳定和较快的增长，于是提出了一个问题：西方一些主要的经济学说是不是也可以用来指导我国的经济和社会发展？这种看法既在一定程度上反映了这些青年同志还不了解当代资产阶级经济学的性质，也反映了他们对我国社会主义经济和社会发展所要达到的目标认识不清。

看来，这些同志似乎不了解，一定的社会目标总是在一定的经济理论指导下制定的。任何一个社会，都有自己的社会目标，总希望能够尽快地实现这个目标，为此，它需要在一定的经济理论指导下，提出和制定目标，研究实现这个目标的途径，并制定相应的对策。不同的经济理论规定了不同的社会目标以及不同的实现目标的对策。要把我国建成一个既有高度物质文明，又有高度精神文明的社会主义国家，我们的社会性质和我们的社会目标决定了我们必须以马克思列宁主义、毛泽东思想作为经济建设的指导思想。至于西方的资产阶级经济学说，那么其中关于社会目标的理论恰恰是与我们所要实现的社会目标相对立的，其中用来制定社会目标和实现这种目标的途径的理论是为维护资本主义制度服务的。因此，正如我们必须否定当代资产阶级经济学的整个理论体系一样，我们也必须否定当代资产阶级经济学家关于社会目标的理论。

我们知道，关于社会目标的理论，在资产阶级经济学中占有重要的位置，只不过在一些资产阶级经济学家的著作中并不公开地、直接地提出这个问题，有的资产阶级经济学家甚至故意不谈这个问题，似乎社会目标问题在资产阶级经济学中早已解决了，已经是一个"已知的"问题而不必再加以讨论了。但不管怎样，我们可以肯定地说，资产阶级经济学中无论哪一个流派，都有自己的社会目标理论，它们的政策主张就是为了实现自己所提出的社会目标而制定的。

在当代，资产阶级经济学中最有影响的是这样三个学派：凯恩斯主义、货币主义、新制度主义。三个学派各有自己的社会目标理论。我们先从凯恩斯主义谈起。

1. 凯恩斯主义的社会目标

第一封信在谈到所谓西方经济理论的危机时，我曾经谈到过凯恩斯主义的兴起和理论破产的过程。在这里，可以进一步分析一下它的社会目标理论。凯恩斯本人对于社会目标问题并没有专门的著作。在他的著作中，对于社会目标问题的论述散见各处。凯恩斯的理论旨在维护垄断资本主义制度，加强国家垄断资本主义，应付资本主义经济危机和大规模失业，缓和尖锐的阶级矛盾。因此，凯恩斯本人一直把这样一种社会当作目标，在这个社会中，资本主义生产资料私有制是经济的基础，资产阶级政府起着调节经济的作用，国家在不触动资本主义生产资料私有制的条件下，通过对经济的调节使资本主义经济维持稳定。凯恩斯认为，如果做到那一步，那么资本主义制度可以长久维持下去，革命也就不会发生了。凯恩斯还提出，通过资产阶级政府对经济的调节，包括对资本主义社会的收入分配的调节，久而久之，资本主义社会中的"食利者阶级"会因为资本变得不再稀缺而逐渐自动消亡，到那时，也就可以不需要经过任何革命而使资本主义社会改变面貌，进入所谓"文明生活的新阶段"。

后来，凯恩斯在美国的一些追随者，在社会目标理论方面要比凯恩斯明确得多。他们公开提出了"混合经济"的主张，所谓"混合经济"，是指在经济中一方面保存"私人成分"，也就是资本主义私有经济，另一方面又存在着"公有成分"，也就是资产阶级政府对经济的调节。在他们看来，"公有成分"和"私有成分"的并存和互为补充，应当是今后资本主义经济的特征。他们的社会目标就是要使这种"混合经济"得以实现。至于资本主义国家中目前存在的各种社会经济问题，他们认为在"混合经济"之中都可以逐步得到解决。因此，如果说凯恩斯主义者的社会目标是建立一个稳定的"混合经济"的社会的话，那么，所谓维护充分就业，消除通货膨胀，保证一定百分比的经济增长率等等都是从属于这个社会目标的。

究竟什么是美国的凯恩斯主义者所宣扬的"混合经济"呢？我们知道，既然生产资料所有权仍然在资本家阶级手中，国家仍然是资本家阶级维护自己统治的工具，那么"混合经济"只不过是国家垄断资本主义的一种形式而已。在这样的经济中，资本主义的固有矛盾不仅继续存在，而且会越来越激化，通货膨胀、失业等问题也会持续下去。所以，把发展"混合经济"当作目标，与把加强国家垄断资本主义当作目标是一回事，只是用语有所不同。至于凯恩斯本人所提到的"食利者阶级"自动消亡和资本主义社会"改变面貌"，那么这纯粹是一种迷惑人们的说法，因为在不改变资本主义生产资料私有制的前提下，资本数量增加后，只可能加强资产阶级的经济力量，而不会使资产阶级改变阶级地位。凯恩斯心目中的"未来社会"，仍然是一个资产阶级社会，而不会是什么"新"的社会。

2. 货币主义的社会目标

货币主义作为当代资产阶级经济学的一个派别，在理论和政策主张上是与凯恩斯主义对立的。虽然这种对立仅仅是资产阶级经济学内部的纷争，而且并不妨碍它们在为资产阶级利益服务方面的一致性，但它们在理论和政策主张方面的对立仍然十分明显。货币主义的社会目标是维持一个完全听任私人资本主义企业和市场竞争起作用的经济制度，它把这种制度称作"自由企业"经济或"市场经济"。按照它的看法，在这种制度之下，国家干预应当被减少到最低限度，私人资本应当自由地发挥作用，资源的配置应当完全由市场竞争来自发地调节。它认为这才是一条可以使资本主义永久稳定和保持繁荣的道路。它之所以不同意凯恩斯主义的论点，因为在它看来，私人资本主义经济本身是完善的，是能够自动调节而实现充分就业的，只是由于近年来资产阶级政府采取了凯恩斯主义的加强国家干预的主张，使私人资本的作用和市场经济的作用受到了很大限制，这才不可避免地造成了资本主义社会中的经济动荡。因此，货币主义把减少和取消资产阶级政府对经济的干预看成是实现自己的社会目标的基本手段。

不难看出，货币主义对资本主义制度的辩护是公开的、毫不掩饰的。从这一点看来，它不像凯恩斯主义那样多多少少还具有某种伪装。但实质上，它同凯恩斯主义一样地否认资本主义经济危机是资本主义制度的必然产物。它把资本主义社会中今天发生的种种社会经济问题归咎于资产阶级政府对经济的干预的说法，不仅抹煞了资本主义基本矛盾，而且歪曲了私人资本与资本主义国家的政府之间的关系。要知道，既然资本主义经济危机的根源在于资本主义制度本身，那么不管资产阶级国家是否对经济进行了干预，也不管资产阶级国家对经济的干预程度如何，资本主义经济危机都是不可避免的。一百多年以来的资本主义经济史完全证实了这一点。

那么，能不能从货币主义提出的社会目标得出货币主义是私人资本或私人垄断资本的拥护者，是国家垄断资本的反对者的论断呢？这种看法不符合货币主义的阶级本质。虽然货币主义所提出的社会目标在表面上与18世纪末、19世纪初的资产阶级经济自由主义所提出的社会目标相似，但二者的含义是不同的。18世纪末、19世纪初的资产阶级经济自由主义曾经鼓吹过"自由放任"和"国家不干预"，并要求实现这样一种社会目标。它当时是企图确立资本主义生产方式，反对封建主义及其残余势力。然而当前货币主义在搬用类似的口号时，则是为垄断资本主义辩护，企图以此来挽救垂死的资本主义制度。在垄断已经成为帝国主义经济生活的基础的条件下，私人垄断资本集团控制着资本主义国家的主要经济部门。但私人垄断与国家垄断并不是彼此对立的，它们紧密地勾结在一起。货币主义正是从维护整个垄断资本主义制度的立场出发，所反对的仅仅是被它们认为不必要的国家垄断资本主义形式，而不是一般地反对私人垄断和国家垄断的结合。对于货币主义所要求减少或取消的国家对经济的干预，主要应该理解为减少或取消国家对私人投资活动的限制，理解为减少或取消国家对大资本兼并小资本的行为的限制，理解为减少或取消国家对资本主义企业获取尽可能多的剩余价值的限制。货币主义的这一立场明确地反映了它的理论的实质。

3. 新制度主义的社会目标

新制度主义在理论上和政策主张上不但与货币主义对立，而且与凯恩斯主义也是对立的。它既批评资本主义国家的政府所实行的凯恩斯主义政策，又攻击货币主义所建议的国家不干预私人经济活动的做法。它的社会目标是希望建立一个所谓"收入均等化"或"权力均等化"的社会。用新制度主义的主要代表人物、美国资产阶级经济学家加尔布雷思的话来说，它的社会目标是要实现所谓的"新社会主义"，也就是建立所谓大资本和小资本享有同等的决定自己产品的价格的权力，人们之间的收入差距不断缩小的社会。新制度主义之所以被看成是资产阶级经济学中的"左翼"，正因为它提出了限制大资本，扶植小资本，缩小人们的收入差距等改良主义的政策主张。

但应当注意到，新制度主义在本质上仍然是维护资本主义制度的。它所主张的只不过是在资本主义生产资料私有制基础上进行的某些调整、改良。它只主张限制大资本，而并不要求变革资本主义雇佣劳动制度。它只主张从收入分配方面缓和一下资本主义社会中的矛盾，而并不要求消灭资本主义剥削关系。因此，这样的社会目标，尽管它挂上了所谓"新社会主义"的招牌，实际上与社会主义并没有共同之处。但由于它以这样一种社会目标作为幌子，所以它比凯恩斯主义、货币主义在某些方面具有较大的欺骗性。

新制度主义者认为，如果实现了他们提出的社会目标，也就是实现了所谓的"权力均等化"或"收入均等化"，似乎就达到"提高生活质量"和"关心人"的境界了。这种看法显然是不正确的，因为不改变资本主义生产资料所有制，在现存的资本主义雇佣劳动制度之下，怎么能做到权力的"均等化"呢？生产关系决定着分配关系，在资本主义生产资料所有制维持不变的基础上，收入分配又怎么可能"均等化"呢？所以说，虽然新制度主义在它的社会目标中加进了所谓"提高生活质量"和"关心人"等等迷惑人的词句，实际上这是不可能真正实现的一种空想。即使资产阶级政府真的按照新制度主义提出的一套主张去做，比如对大资本进行限制，对中小企业加以补助，实行某些福利措施，按财产和收入的多少征收累进税等等，结果，这样的社会仍然是资本主义社会，而不是其他什么社会，更不可能是社会主义社会。

当然，对于新制度主义的学说，包括对它的社会目标理论，我们也应当进行一些具体的分析。尽管新制度主义是当代资产阶级经济学说中的一种，并且具有较大的欺骗性，但它的经济学说中也有某些内容是可供参考的。这可以用它对凯恩斯主义、货币主义的社会目标的批评为例。例如，它批评凯恩斯主义只注意"混合经济"条件下的经济增长，而不注意经济增长过程中所造成的"生活质量"的下降。又如，它批评货币主义只强调资本主义私有经济和市场竞争的自发调节作用，而掩盖了在资本主义私有经济条件下和市场竞争过程中收入差距扩大的事实。这样，即使新制度主义自己提出的社会目标并没有科学的依据，但它在社会目标方面所发表的上述看法并不是一无可取的。

以上，我们对当代资产阶级经济学中三个主要学派的社会目标进行了分析。我想，你一定可以从中得出这样的结论：任何一个资产阶级经济学派所提出的社会目标都不过是想要维护资本主义制度。"混合经济"制度也好，"自由企业"或"市场经济"制度也好，以"权力均等化"和"收入均等化"为标榜的"新社会主义"也好，无非是资本主义制度的不同形式而已。这些就是当代资产阶级经济学家所提出的社会目标理论，我们当然不可能接受它们。

（三）为什么我们不能以资产阶级经济学说作为经济建设的指导思想？

如果我们能把经济学中的社会目标理论讲清楚了，一些原来以为可以采用当代资产阶级经济学说作为我国经济建设指导思想的青年同志将会改变自己的看法。问题很清楚，既然我们的社会目标同资产阶级和资产阶级经济学家们所提出的社会目标根本不同，那又怎么能够接受他们那些鼓吹与我们相反的社会目标的经济理论来实现我们的社会目标呢？又怎么能够采纳他们为实现他们的社会目标而提出的对策，作为实现我们的社会目标的对策呢？社会主义和资本主义是两种根本对立的社会制度，无产阶级经济理论和资产阶级经济理论是两种根本对立的经济理论，我们向往并为之而奋斗的社会目标同资产阶级经济学家鼓吹并为之献计献策的社会目标是两种根本对立的社会目标，二者怎么可以调和呢？很难想象可以用这一种经济理论来实现那一种社会目标，或者用那一种经济理论来实现这一种社会目标。

你也许会这样说："我们可以依据当代资产阶级经济学说使我国的经济更快地增长上去，因为要实现我们的社会目标，需要先把经济搞上去。"这就是说，似乎可以把经济的增长和社会目标的实现完全分开，似乎可以用当代资产阶级经济学说来促进我国的经济增长，而用马克思主义经济理论来实现社会主义的社会目标。这种看法对吗？我们该怎样看待这一点呢？看来还是离不开对于经济增长的性质、社会目标的性质和经济理论的性质的分析。

　　我在前几封信里曾经谈过，经济增长本身不是社会目标，甚至可以说，经济增长本身不但不是我们的社会目标，而且也不是资产阶级的社会目标，因为任何社会都不可能是"为增长而增长"的社会，经济增长总是为达到某个社会目标服务的。在资本主义社会里，经济增长是为了使资产阶级获取尽可能多的剩余价值；资本主义国家的政府指望通过经济增长来解决资本主义社会中的各种社会经济问题，从而经济增长被认为有助于维持资本主义社会的稳定，保证资产阶级可以继续获取剩余价值。这都说明，即使在资本主义社会中，也根本不存在"为增长而增长"的情形。如果说，在资本主义社会中确实存在过"只顾增长，不计其他"的现象，那么，这并不等于说资产阶级政府认为经济增长就是社会目标本身，而只是说，由于资产阶级政府只注意到经济增长，而忽略了经济增长可能带来的消极后果，即影响资本主义社会稳定的后果，从而不利于"维持资本主义制度"这一社会目标的实现。事实上，当代资产阶级经济学家所设计的或赞成的经济增长，或者是"混合经济"条件下的经济增长，或者是"自由市场经济"条件下的经济增长，或者是"权力均等化"或"收入均等化"条件下的经济增长。经济增长全都从属于各个学派的社会目标，并为实现各自的社会目标服务。

　　在社会主义社会里，经济增长不也是为实现社会主义的社会目标服务的吗？社会主义社会的生产目的在于不断满足人民的物质和文化生活需要，在于关心和培养劳动者。社会主义的经济增长旨在实现这一任务。就社会主义的社会目标在于建立一个既有高度物质文明，又有高度精神文明的社会主义社会而言，必须在社会主义经济增长中，使物质文明与精神文明相结合，避免出现只注意物质产品生产而忽视思想建设和文化建设的情况。这说明，在社会主义社会中，经济增长本身不是社会目标，而只是实现社会目标的必要手段。

再说，在资产阶级经济学中，对于经济增长的动力的基本观点是这样的：个人的私利支配着个人的经济行为，个人谋取私利的行为推动着社会的经济增长。从资产阶级古典经济学算起，200年以来，这样一个观点一直被资产阶级经济学家信奉着。在当代资产阶级经济学中，凯恩斯主义者认为诸如此类的问题在经济学中早已解决了，所以他们一般不再讨论它，而是接受它，把它作为既定的前提。货币主义者为了"论证"资本主义制度本身的完善性和市场竞争的自动调节作用，现在重新搬出了资产阶级经济学的这个传统观点，在新的条件下详细地加以"阐释"。在他们看来，人都是利己的，追逐货币是每一个人的愿望，"最大利润原则"是每一个人的行动的指南，因此，在经济活动中，只有强调货币的刺激作用，利用人们的"利己心"，才能刺激工人努力工作，刺激资本家改进经营管理，刺激科学技术人员致力于发明创造。这就是货币主义者所说的，人人都利己，而利己的结果客观上对于社会是有益的。这是因为，在货币主义者看来，在"人的利己心"的驱使下，社会的经济效率将上升，产量将增加，利润将增加，经济增长率也将提高。不仅如此，货币主义者还主张减少甚至取消资本主义国家中现存的福利措施和福利支出，他们认为这些措施实际上起了鼓励懒汉的作用，不利于社会提高经济效率。

通过这些分析，我们可以更清楚地了解到当代资产阶级经济学说的性质。凯恩斯主义、货币主义都把社会上所有的人看成是自私自利的、唯利是图的，主张刺激人们的"利己心"，刺激人们"向钱看"，以此来促使工人更好地为资本主义企业干活，促使资本主义经济增长。他们的这一套经济学说，浸透了腐朽的资产阶级利己主义、拜金主义的思想，这种经济学说不仅美化了资本主义剥削制度，而且也是为维护现存的资本主义剥削制度服务的。我们可以设想，如果一个社会，按照这种经济学说来制定自己的经济和社会发展政策，那么将要实现的社会目标不是资本主义社会又是什么呢？一个社会主义国家，如果根据凯恩斯主义、货币主义来发展经济，促使经济增长，那么它还能够实现自己的社会主义社会目标吗？试问，在社会主义道路上已经走了30多年的我国，难道还要退回到让私人资本自由发展的那种社会中去吗？难道我们能够把这种鼓吹人们"向钱看"，主张唯一地用货币刺激人们的"利己心"的经济理论当成我们经济建设的指导思想吗？姑且不说采用这些经济理论究竟能不能把我国的经济搞上去，就算采用它们之后能够把我国的经济搞上去，难道我们能够接受一个以资产阶级利己主义作为人们经济行为的动力的"货币至上"的社会吗？

对于上述问题，我们的回答只可能是：为了实现我们的社会目标，我们当然要发展我们的经济，提高经济增长率；但我们的社会的性质、我们的社会目标，不但不容许我们把资产阶级经济学说当作我们经济建设的指导思想，而且也不容许我们采取资产阶级经济学所主张的那种用"一切向钱看"来刺激经济增长的办法。

当然，在当代资产阶级经济学界，也有一些不同意把"人的利己心"和货币的刺激作用当作经济的动力的经济学家，新制度主义者就是这样的人。但正如我们在前面已经指出的，新制度主义者无非是资产阶级改良主义者，他们虽然批评了资本主义国家的现行政策，批评了凯恩斯主义和货币主义，但他们提出的只不过是一些改良措施，比如说，要求增加给穷人的补助，限制垄断资本，征收累进税，扶植私营中小企业，消除种族歧视，实行男女同工同酬等等。他们并没有打算对资本主义的生产关系进行一番根本的变革，也没有打算摧毁资产阶级的国家机器，而是想在资产阶级国家机器的帮助下实现自己的改良措施。试问，在我们这样的社会主义国家里，难道我们还需要退回去，再把新制度主义的理论当作我们的经济和社会发展的指导思想，把新制度主义的改良主张和对资本主义社会前景的幻想当作我们的社会目标吗？

以上，我是从社会目标方面来评价当代资产阶级经济学说的，总的看法是：不同的社会目标以不同的经济理论为依据；我们既不能走资本主义国家走过的经济增长的道路，也不能把资产阶级经济学说当成我们经济建设的指导思想。目前，有些青年同志之所以在这个问题上存在一些模糊看法，我想，这正是由于他们不了解经济增长的性质、社会目标的性质、经济理论的性质三者之间的关系的缘故。

第六封信
劳动生产率水平和社会主义
制度的优越性

×× 同志：

收到了你最近的来信。你写道："社会主义的社会目标同资本主义的社会目标截然不同，这一点很好理解，但列宁说过，劳动生产率是保证新制度战胜旧制度的最主要的东西，而现实生活中，社会主义国家的劳动生产率却低于资本主义国家，这岂不是与社会主义制度的优越性有矛盾？我们究竟应该怎样认识这个问题呢？"我感到你提出的这个问题是很重要的。看来，这个问题也是引起一些青年同志对社会主义制度的优越性感到不易理解的问题之一。所以在这封信里，我想专门谈谈与劳动生产率水平有关的问题。

（一）生产关系一定要适合生产力性质的规律的作用

生产力决定生产关系，生产关系反作用于生产力，生产力和生产关系通过这种相互作用而彼此紧密地结合在一起，随着生产力的发展，生产关系必然会相应地发生变化，不适合生产力性质的旧的生产关系最终必然被适合生产力性质的新的生产关系所代替——这是历史唯物主义的一个基本原理。我想，你一定已经懂得了这个道理。尽管如此，在分析劳动生产率问题和社会主义制度优越性问题时，我觉得仍然有必要从这个道理谈起。

我们说，在把一种社会经济制度与另一种社会经济制度相比时，的确需要衡量它们所提供的劳动生产率的高低。什么是劳动生产率？简单地说，劳动生产率就是劳动者的生产效果，它通常用劳动者在单位劳动时间内的生产量多少或生产价值大小来计算。投入一定的劳动，如果生产量越多或生产的价值越大，就表明劳动生产率越高。而劳动生产率水平又是由哪些因素决定的呢？它主要取决于生产者的平均熟练程度和劳动积极性、科学技术的发展水平和科学技术在生产中的应用程度、生产资料的规模和效能、生产组织状况、自然条件等等。一种社会条件下，生产关系越是适合于生产力的性质，那么促使劳动生产率提高的各种因素就越能发挥作用，越能提高劳动生产率；反之，生产关系越是不适合于生产力的性质，那么就越难以使得决定劳动生产率的各种因素发挥作用，劳动生产率的提高也就越困难。因此可以得出下述结论：适合于生产力性质的生产关系，就是先进的，不适合于生产力性质的生产关系，就是落后的。从历史上看，资本主义当初之所以能够战胜封建主义，正因为在生产力发展到一定阶段时，资本主义生产关系比封建主义生产关系适合于生产力的性质，资本主义造成了封建主义制度下所没有达到过的劳动生产率。

既然如此，为什么社会主义国家的劳动生产率水平现在还低于一些资本主义国家呢？我想，对这个问题也必须历史地进行分析。我们知道，在决定劳动生产率的各种因素中，科学技术的发展水平是最为重要的，因为科学技术的发展将会变革生产资料，从而也会影响生产者的平均熟练程度、生产资料的规模和效能、生产组织的状况，甚至也会变更自然条件的作用。对这些因素的分析，可以使我们清楚地看到，一些资本主义国家今天的劳动生产率比较高，首先是由于科学技术比较先进，从而使生产力处于较高水平的缘故。而这些资本主义国家的科学技术比较先进，以及它们的生产力处于较高水平，又是同资本主义社会长期的物质力量积累有关的。相比之下，社会主义社会的历史要短得多。以我国来说，中华人民共和国成立前我国是半殖民地半封建社会，生产力水平低下，科学技术十分落后；新中国成立以后，我们只能在这样的社会生产力水平和科学技术条件下开始社会主义经济建设。我国的薄弱的物质技术基础，决定了我们不可能一开始就具有像现代资本主义国家那样高的劳动生产率。

　　假定我们对上述这些已经有了较明确的认识，那么我们就可以回到再上一封信里所谈到的社会评价标准问题上去。在那里，我曾经从"劳动者是社会的主人"这一规范经济研究的命题出发，同你一起讨论了社会主义制度比资本主义制度优越的问题。但在那封信里，我也曾指出，当前我国平均每人的国民收入是较低的，就满足人们的基本物质生活需要和精神生活需要来说，我国目前达到的水平也是比较低的。这些显然与由于历史原因所造成的我国薄弱的物质技术基础、较低的劳动生产率水平有关。由于劳动生产率较低，我们目前还不可能向人民提供十分丰富的消费品，提供更多的生活服务设施。由于劳动生产率较低，生产力水平较低，国家财力有限，我们目前还不可能兴办那么多大学、专科学校，不可能建立那么多图书馆、博物馆、科学宫、文化宫。这也就是说，在实现社会主义的社会目标方面，还有相当艰巨的工作等待着我们去做。但正如我在那封信里谈到的，社会评价标准是一个综合的评价标准体系，它涉及的是整个社会主义制度同整个资本主义制度的比较问题。孤立地抽出某一项标准来把我国同某几个发达资本主义国家对比，那是说明不了什么问题的。

　　何况，如果不是用静止的观点，而是用发展的观点来看待这个问题，那么，我们将会看到，尽管社会主义社会开始建设时的物质技术基础较差，劳动生产率很低，向社会提供的物质产品还不丰富，然而经济增长的速度则是较快的，经济增长的潜力是很大的。而资本主义国家目前的劳动生产率虽然较高，但周期性经济危机使得资本主义经济的持续增长遇到很大阻碍，经济增长速度和劳动生产率增长速度的减缓已经成为不可否认的事实。为什么会这样？这种情况正是由于资本主义生产关系与生产力性质在现阶段已经越来越不适应了，资本主义的生产关系阻碍了生产力的发展。资本主义生产关系与生产力性质的不相适应决不以资产阶级的意志为转移。相形之下，社会主义的生产关系是适合于生产力的性质的。在社会主义社会中，由于建立了社会主义公有制，劳动者成为社会的主人，于是劳动者的积极性能够充分发挥出来，社会主义国家就能够以较快的速度发展自己的工业，建立自己的强大的物质技术基础，提高劳动生产率，提供越来越充足的消费品，满足人民日益增长的物质和文化生活需要。这正是社会主义制度优越性的表现，我想你一定会感到，这与我在前面谈过的社会评价标准体系的看法是一致的。

　　那么，我们究竟应当怎样理解列宁所说的"劳动生产率，归根到底是保证新社会制度胜利的最重要最主要的东西"[①] 呢？据我的体会，列宁并不是认为任何社会主义国家在革命胜利之后立刻就会造成比一切资本主义国家更高的劳动生产率。列宁说道："资本主义可以被彻底战胜，而且一定会被彻底战胜，因为社会主义能造成新的高得多的劳动生产率。"[②] 这就是说，从生产力与生产关系之间的相

---

①　《列宁全集》，第四卷，第 16 页。

②　同上。

互作用的角度来分析，社会主义生产关系由于适合了生产力的性质，于是社会主义社会中的生产力必将出现一个飞跃，在社会主义经济发展的较长过程中，社会主义社会必定会在劳动生产率方面超过资本主义。我觉得，如果这样来理解列宁的这句名言，就符合列宁的原意了。

（二）社会主义制度的优越性不可能自发地发挥出来

　　社会主义生产关系适合于生产力的性质这一基本事实，使社会主义社会的劳动生产率能够迅速地提高。在劳动生产率不断增长，物质产品不断丰富的基础上，建设一个具有高度物质文明和精神文明的社会主义社会，是完全可能的。然而，这仍然只是一种客观的可能性。要把客观的可能性变为现实，还有待于我们的主观努力。为什么这么说？这是因为，既然生产关系一定要适合生产力性质的规律是一种客观的经济规律，那么它必然同其他客观经济规律一样，可以被人们所发现、认识和运用。在社会主义社会中，人们的任务在于发现、认识和运用各种经济规律，为实现社会主义的社会目标服务。中华人民共和国成立以来，我国社会主义建设过程中所取得的许多成就，都是在党的领导下，通过广大人民群众的努力，认识和自觉运用经济规律的结果。但我们也看到，一旦违背了客观经济规律的要求，即使在社会主义社会中，在已经建立了社会主义生产资料公有制的条件下，社会主义制度的优越性仍然有可能发挥不出来；一旦违背了客观经济规律的要求，社会主义生产关系不但不能促进生产力的发展，反而会阻碍生产力的发展，甚至破坏生产力。

　　我们知道，社会主义生产资料公有制是社会主义的本质特征。社

会主义制度的优越性是从这个本质特征中产生出来的。在社会主义公
有制（在我国，社会主义全民所有制是国民经济中的主导力量）的基
础上，整个国民经济形成了一个统一的整体，生产资料和劳动力可以
按照经济计划而合理地配置于各个部门和地区，整个社会的生产可以
有计划、按比例地进行，使劳动生产率得以迅速增长。但这并不意味
着在社会主义公有制基础上所实行的经济计划都是符合客观经济规律
要求的，也不意味着在社会主义公有制的部门和企业中工作的人们所
投入的劳动都能形成满足人们物质和文化需要的最终成果。客观经济
规律的要求与人们是否运用这些规律来进行经济活动，不是一回事。
人们只有研究并认识了客观的经济规律，才能正确地运用这些经济规
律，使自己的行动符合经济规律的要求，否则，即使制订了经济计
划，但很可能是不符合客观经济规律的要求的经济计划，它将使国民
经济的发展受到挫折，甚至使国民经济遭到破坏。

　　回顾我国中华人民共和国成立以来这些年内的经济工作，我们
可以清楚地看到，从 1949 年到 1957 年为止的这段时间内，我们的
经济工作是考虑到满足人民日益增长的物质和文化生活的需要的。
例如在第一个五年计划期间，在生产增长的同时，职工平均工资有
较大的增长，住宅、医院、学校、商店和城市建设也有较大的发展。
那时候，市场是繁荣的，人民生活是改善的。当然，如果说那个时
期我们的经济在指导思想上还存在不足之处的话，那主要是我们对
于社会主义经济发展的规律性还没有足够的认识，往往把苏联社会
主义建设中的各种做法看成是唯一可以仿效的样板。此外，我们对
于建设高度物质文明和精神文明相结合的社会主义社会作为社会目
标这一点的认识还不够，当时我们没有充分理解这一问题的重要性。

　　从 1958 年起，情况发生了很大的变化，经济工作中忽视了客
观的经济规律的作用，脱离实际，不求效益，片面追求速度，片面

强调积累，甚至使人民的生活发生了困难。当然，我们并不是说
1958 年的经济工作丝毫没有成果，比如说，一些新的工业部门是
从那时候起开始建立的，一些新的工业基地也是从那时候起开始形
成的。但我们更应当注意的是，在这种指导思想之下，不顾国情国
力，不顾国民经济可能负担的程度，片面地追求高积累和高速度，
片面地扩大基本建设规模，这实际上是一种为指标而指标，为积累
而积累，为速度而速度的做法。我们不妨回顾一下这个过程中所造
成的人力和物力的浪费和损失。当时，由于追求高速度，欲速则不
达，国民经济中一方面是大量产品积压，另一方面使得人民生活所
需要的许多产品严重不足。人们不禁会问道：既然社会主义公有
制仍然存在，社会主义经济计划照常在制订和执行，为什么经济
工作中会出现这些现象呢？为什么社会主义制度的优越性不能发
挥出来呢？

在长达十年的"文化大革命"期间，在林彪、江青两个反革命
集团窃取了党和国家的部分权力的情况下，国民经济遭到很大破坏，
连改善人民的生活也成了批判的题材。似乎一提对劳动者生活方面
的关心，就成为鼓吹经济主义和福利主义；一提对劳动者的教育、
培养，就成为主张培养精神贵族。这些年内，劳动生产率降低了，
工人实际工资和农民实际收入下降了，城镇居民平均每人的居住面
积减少了，服务网点减少了，城乡居民迫切需要的某些生活用品短
缺了，许多学校停办了，许多科学文化事业机构解散了。但社会主
义公有制这时仍然存在，甚至还可以这样说，在城镇把个体经营户
一律取消的情况下，社会主义生产资料的公有化程度比以往任何时
候都提高了。这不更可以说明社会主义制度的优越性不可能自然而
然地发挥出来吗？建立社会主义公有制本身还不等于社会主义的社
会目标的实现吗？

　　粉碎"四人帮"以后，照理说应当迅速转入国民经济调整阶段，使人民有休养生息的机会，但当时党中央主要领导人在"左"的思想指导下，又提出了"组织新的跃进"的不切实际的口号，在没有任何论证和测算的情况下，要求搞"十来个大庆"，要求钢产量八年内增加一倍。幸亏党中央及时发现了这个问题，纠正了指导思想的错误，这才没有在实际工作中造成更大的损失。

　　由此可见，虽然社会主义制度的优越性是从社会主义生产资料公有制这一社会主义的本质特征中产生出来的，虽然建立社会主义公有制是实现社会主义社会目标的必要的前提，但能否使社会主义制度的优越性充分发挥出来，能否在社会主义公有制的基础上迅速提高劳动生产率，能否使社会主义社会中所制订和执行的经济计划符合客观经济规律的要求，能否使这些经济计划执行的结果，最终体现为劳动者物质和文化生活需要的满足程度的实际提高，这就必须要有正确的经济建设的指导思想。经济建设的指导思想不端正，社会主义制度的优越性就难以发挥，社会主义的社会目标也难以实现。

（三）阻碍社会主义制度优越性发挥的指导思想方面的原因

　　我们知道，社会主义国民经济的计划和管理是在党和政府的领导之下进行的，所以经济工作指导思想的端正与否对于社会主义社会目标的实现有着关键的意义。20世纪50年代后期起经济工作中出现各种挫折和错误，指导思想的"左"倾是重要的原因。本来，在1956年中国共产党的第八次全国代表大会通过的党纲中曾明确写道："党的一切工作的根本目的，是最大限度地满足人民的物质生活和文化生活的需要，因此必须在生产发展的基础上，逐步地和不断地改善人民的生活状况，而这也是提高人民生产积极性的必要条件。"但1958年以后，经济工作却背离了党纲上所规定的这一方针。直到党的十一届三中全会，拨乱反正，纠正"左"倾错误之后，满足人民的物质和文化生活需要的问题才重新被摆在应有的位置上。在党的十二大通过的党章总纲中，明确地写道："中国共产党工作的重点，是领导全国各族人民进行社会主义现代化经济建设。应当大力发展社会生产力，并且按照生产力的实际水平和发展要求，逐步完善社会主义的生产关系。应当在生产发展和社会财富增长的基础上，逐步提高城乡人民的物质文化生活水平。"这就清楚地告诉我们，社会主义生产和建设的根本目的在于不断满足人民日益增长的物质文化需要。

因此，完全可以这么说，在社会主义经济工作中，不端正经济建设的指导思想，不仅劳动生产率不可能提高，甚至劳动生产率还有可能长期停滞或降低；不仅不可能满足人民的日益增长的物质生活需要，甚至连人民的实际收入也有可能下降；不仅不可能普遍提高人民的科学文化水平，甚至文盲还会增多；不仅不可能建成一个高度物质文明与精神文明相结合的社会主义社会，甚至有可能使国民经济陷于破产或临近崩溃、破产的边缘。十年动乱的历史教训，不仍是我们记忆犹新的吗？总之，只要我们理解了这一点，我们就可以懂得：为什么尽管建立了社会主义公有制，但社会主义制度的优越性却还有可能发挥不出来？为什么尽管制订了统一的社会主义国民经济计划，但这些经济计划却起不到它应有的促进社会主义社会目标实现的作用？这就充分说明了正确的经济建设指导思想在实现社会主义社会目标方面的无可争辩的重要作用。

（四）阻碍社会主义制度优越性发挥的体制方面的原因

在社会主义社会中，还存在怎样建立一个有利于实现社会主义的社会目标的体制的问题，这是直接关系到社会主义制度的优越性能否发挥以及社会主义的社会目标能否实现的另一个基本条件。

必须承认，过去很长时间内存在于我国的经济管理体制，在当时的政治、经济、社会条件下是起过积极作用的，并且也能够同20世纪50年代的我国生产力发展水平基本上适应。依靠着这个经济管理体制，我们维持了社会的基本安定，集中财力物力保证了许多项国家重点建设，并且使我国逐步形成了独立的、比较完整的工业体系和国民经济体系。因此，对于这个经济管理体制，我们必须用历史唯物主义的观点来正确对待它。

但另一方面，我们也必须指出，这种经济管理体制存在着不少缺陷，其中有些还是相当严重的。而随着生产力的发展，这种经济管理体制也早已不再适应经济发展的要求，甚至越来越阻碍社会主义制度优越性的发挥，阻碍我们的社会目标的实现了。总体来说，这个经济管理体制的缺陷表现于它不利于调动各方面的积极性，使国家该管住的，没有能管住，而国家不应当"统"的，却"统"起来了，不应当"包"的，却"包"下来了。

我们知道，一旦国家对企业的生产经营活动"统"得过多，"管"得过死，必然会出现这样的情况，即企业所需要的生产资料由国家包供给，企业生产出来的产品由国家包销售，企业所使用的劳动力由国家包分配，企业生产什么，生产多少，销售多少，从哪些地方取得生产资料，向哪些地方销售产品，全都被规定得死死的。

主管部门在对企业下达命令时，由于它不了解实际的生产和流通状况，不能随时掌握生产和流通状况的变化，也不了解消费者的实际需要和需要的变化，不能灵活地处置。在这样的体制下，消费者当前需要的是什么，企业可以不必操心。即使企业负责人想满足一下消费者的需要，他们也难以如愿，因为他们没有生产和经营方面的自主权。在许多情况下，企业是被动的，许多事情都是推一推，动一动。在这种体制之下，当然谈不上提高企业经济效益，谈不上企业根据消费者的需要而组织生产。

一旦国家把不该"统"的全"统"起来了，把不该"包"的全"包"起来了，那么，社会主义经济还会出现这样一种不合理的现象：即使企业生产出来的产品不适合消费者的需要，销售不出去，全都积压在仓库里，企业仍然可以照常生产；即使企业在生产过程中，原材料和燃料消耗过大，成本过高，造成亏损，那么这一切也用不着企业负责人操心。即使企业的产品已经积压，某些原材料已经十分紧张，但重复建设仍然照常进行，而不问将来的产品往哪里销售，将来的原材料供应如何得到保证。企业亏损，国家财政收入就会减少。重复建设不停止，基本建设规模盲目扩大，国家财政支出难以减少。这样，财政收支平衡也就难以保持了。在这种经济管理体制之下，要彻底改变财政收支不平衡的状况，确是非常困难的。

在社会主义公有制条件下，特别是社会主义全民所有制在社会主义经济中占据统治地位的条件下，企业利益同社会利益是一致的，企业应该既是生产单位，又是培养人才的场所，企业既向社会提供产品，又向社会提供人才。企业和社会一样，都应当关心和培养劳动者，这才是符合社会主义社会的性质和社会主义企业的性质的。但是，在上面所说的那种不合理的经济管理体制之下，所出现的可能是另一种情况。由于国家把不该"统"的全都"统"起来了，把不该"包"的全都包起来了，由于企业本身既缺乏经济的动力，又缺乏机动处置人员方面的权力，这样，工人就很可能被企业单纯地当作劳动力来看待。怎样才能提高生产者的文化技术水平，怎样才能满足生产者日益增长的物质和文化方面的需求，企业负责人可以考虑这些问题，也可以不必考虑这些问题。如果有些企业负责人能重视这些问题，并且为此做了安排，那么，这主要取决于这些企业负责人本人的认识。并且，即使有些企业负责人注意到了这些方面，但由于他们缺乏与此有关的自主权（例如根据工人的文化技术实际水平而给工人提级的权力，根据生产发展的需要而增加本企业所需要的技术人员的权力，根据企业实际盈利状况而改善工人居住、生活条件的权力等），他们也往往无能为力。可见，在这种体制下，社会主义制度在提高生产者文化技术水平方面，以及在满足生产者日益增长的物质和文化生活要求方面本来可以显示出来的优越性，也就显示不出来了。

　　总之，并不是社会主义制度本身不优越，而正是社会主义经济中存在的一些不合理的经济管理体制阻碍了社会主义制度的优越性的发挥。但是，正如经济建设的指导思想可以从不端正到端正一样，经济管理体制也可以从不合理改变为合理。可以相信，在党的十一届三中全会以后，在纠正了过去长期存在的"左"的经济建设指导思想的前提下，在经济体制改革的过程中，我们的经济工作一定能够取得更大的成绩，劳动生产率一定会有较大幅度的增长，社会主义的社会目标的实现也是完全可能的。

（五）社会主义制度优越性问题的
进一步考察

　　前面已经谈到，由于经济建设指导思想方面的原因以及经济管理体制方面的原因，在过去较长的一段时间内，本来应当迅速增长的社会主义社会的劳动生产率未能迅速增长。但是，这种情况不可能不改变。正如党的十二大报告中所指出的那样："我们党是经过马克思列宁主义、毛泽东思想长期教育，在成功和失败的反复锻炼中成长起来的工人阶级先锋队。在我们党内集合了中国工人阶级和中国人民的优秀分子。即使遭受了'文化大革命'的严重伤害，我们党的队伍的主流仍然是纯洁和强有力的。"党自己完全有力量纠正过去在经济建设指导思想方面的"左"的错误，重新确立马克思主义的实事求是的思想路线，在新的历史条件下坚持和发展马克思主义、毛泽东思想。党的十一届三中全会的伟大功绩正在于此。再以经济管理体制来说，十一届三中全会以后，党中央明确指出，改革经济管理体制是全面提高经济效益，实现社会主义现代化的重要保证。目前，在国民经济各种重大比例关系逐渐趋于协调的前提下，在国务院的领导下，我们正在积极地、稳妥地加快经济管理体制改革的进程。随着改革的进行，社会劳动生产率的提高将是必然的。

　　我想，只要我们大家对上述这一切有充分的认识，那么当前仍存在于一些青年同志思想中的对于社会主义制度优越性的模糊看法，也就容易得到澄清了。据我了解，当前，存在于一些青年同志思想中的模糊看法，多半集中在就业、工资、物价三个问题上。他们问道：既然社会主义制度是优越的，为什么会有一些青年待业？为什么我们现在的工资水平较低？为什么近几年物价有所上涨？看来，如果不把这些具体问题讲清楚，他们对于社会主义制度的本质也就不容易得出正确的看法。在我看来，当前我国之所以还存在着城镇青年待业、工资水平偏低、物价有所上涨等问题，是与20世纪50年代后期到70年代中期这一段时间内经济建设指导思想的不正确和现存的经济管理体制的缺陷有关的。它们并非来自社会主义制度本身，而恰恰是社会主义制度的优越性未能充分发挥的反映。

以就业问题来说，需要着重说明的是，从 20 世纪 50 年代后期以来，一方面我国物质资料生产增长的幅度不够大，另一方面人口却以较快的速度增长，于是在国民经济比例失调和人口失控的情况下，造成了城镇一部分青年的待业。加之，在劳动管理体制方面也存在着弊病，这主要表现于：就业渠道单一，就业门路过窄，企业用工形式太死板。结果，所有城镇劳动力几乎都要依靠国家包下来，而国家又不可能把他们全包下来，所以就业问题就更加突出了。针对这种情况，党的十一届三中全会以来，中央制定了"在国家统筹规划和指导下，实行劳动部门介绍就业、自愿组织起来就业和自谋职业相结合"的方针，通过调整经济结构，广开就业门路，有计划地控制人口增长率，进行技术培训，组织劳动服务公司等措施，使城镇青年的就业问题逐步得到了解决。这就说明了我们的就业问题与资本主义国家的就业问题的性质根本不同，因为资本主义国家的劳动者失业是由资本主义制度本身所造成的，而且失业人口的存在正是资本主义生产方式存在和发展的必要条件。

如果我们再做进一步分析，我们可以了解到，在社会主义社会中，劳动力的再生产是在计划经济条件下进行的，通过贯彻按劳分配原则，劳动者的收入将随着生产的增长而协调地增长。因此，在生产增长和劳动者收入相应地提高的基础上，除了生产的增长将吸收较多的劳动者而外，劳动者收入的相应提高还将使社会的消费结构发生变化，使各种旨在满足人民日益增长的物质和文化需要的行业也得到发展，从而会使更多的人获得就业机会。社会主义社会中有广阔的就业天地，这是社会主义制度优越性的表现，我们对这一点应当有坚定的信念。

关于工资问题，我们必须看到，资本主义的工资是劳动力价值或价格的转化形式，它掩盖了资本主义剥削的真相，因此它在性质上与社会主义社会中的工资是不可比的。但我们也应当承认，在"左"的思想严重的那些年内，由于国民经济的发展几经挫折，我们并没有实现工资随生产的发展而有计划按比例地增长，所以工资水平偏低；加之，现行的工资制度也存在一些弊病，例如没有很好地贯彻按劳分配原则，平均主义严重，职工的工资同企业生产经营好坏、同职工个人的劳动贡献和技术水平脱节等等。但这些问题仍然是同过去长期存在的"左"的思想有关，同工资制度本身的不合理、不完善有关的。而要解决这些问题，就必须克服平均主义，贯彻按劳分配原则，合理体现脑力劳动和体力劳动、复杂劳动和简单劳动之间的差别，并且在提高劳动生产率，提高企业经济效益、妥善安排生产发展和职工工资增长的比例关系的前提下，使职工的工资与企业生产经营成果挂钩，真正发挥工资在促进生产和保障职工生活需要方面的积极作用。而这一切，也只有在坚持社会主义计划经济的条件下才能实现。正是社会主义制度保证了职工工资的有计划按比例的增长，保证了国家、集体、个人三者的利益。

再谈谈物价问题。我觉得这个问题有必要从两个方面来谈，一是原来过于不合理的比价的调整问题，二是某些商品的供不应求问题。这两方面的问题依然是同过去长时期的"左"的思想和经济管理体制中存在的缺陷有关的。在片面追求高速度、高积累和不讲经济效益的情况下，国民经济各部门的比例失调，一些商品价格过低，如果不改变不合理的比价，就会阻碍国民经济的发展。正是根据这种情况，所以对那些原来过于不合理的价格进行了调整（例如对某些农产品的价格做了调整）。同时，由于部门比例失调、产品结构不相适应，一些商品供不应求，于是也使得价格上升。城镇居民感到较明显的，就是一些副食品的涨价。但另一方面，我们不妨设想一下，假定不是社会主义计划经济，那么面对着一些商品比价过于不合理和一些商品供不应求的情况，我们将会看到什么样的现象？肯定是物价的大幅度上涨，劳动者的实际收入的大幅度下降。所以我们说，在保证人民基本物质生活需要和防止物价的剧烈波动方面，社会主义制度是反映了它的优越性的。此外，我们也不要忘记，为了对城镇居民实行消费补贴，国家每年支出了巨额费用。消费补贴主要是指由国家财政补贴城镇居民的生活必需品（粮食、食用油、副食品等）的物价差额，以及住房费用的补贴等。例如，当城镇居民向粮店买粮食时，每买一斤粮食，实际上享受了国家给予的一角钱左右的补贴；城镇居民每买一斤菜籽油，实际上享受了国家给予的八角钱左右的补贴。据统计，从1979年到1981年，国家用于城镇居民生活的各种消费补贴总额达628亿元之多，其中，仅1981年，国家用于城镇居民生活的各种消费补贴就达250亿元，占当年财政收入的四分之一左右。正因为有了国家给予的消费补贴，所以1981年城镇居民的平均实际收入比货币收入增加了百分之三十。如果没有这些消费补贴，城镇居民的生活水平就会下降很多。当然，今后究竟是继续采取消费补贴形式还是采取其他形式来使城镇居民增加实际收入，这个问题还可以仔细研究。但无论如何，在现阶段所实行的消费补贴的做法，反映了党和政府对城镇居民生活的关心，则是毫无疑问的。

　　更重要的是，在社会主义制度下，我们有信心、有力量通过经济管理体制的改革来保持物价的基本稳定和不断提高劳动者的实际收入。今后，不合理的商品比价仍然需要进一步调整，一些商品供不应求的状况仍然有待于解决，但从国民经济范围来说，一些重大的经济比例关系必须继续控制住，物价管理部门也应当继续加强对市场和物价的管理。与此同时，我们应当大力降低生产成本，提高经济效益，使国家有充足的财政收入，使市场上有更多的满足人民需要的商品，使广大职工的实际收入在劳动生产率不断提高的基础上有切实的增长。试问，离开了社会主义公有制，离开了社会主义计划经济，我们能实现这一切吗？

　　的确，就业问题、工资问题、物价问题是当前社会上一些青年同志谈论得较多的问题。对这些问题缺乏正确的认识，就会产生对社会主义制度的优越性的怀疑。所以青年经济学爱好者愿意从理论上对这些问题进行探讨，这是值得鼓励的。我的想法是：我们首先需要对社会主义制度的本质有清楚的认识，要懂得所有这些问题的产生并不是来自社会主义制度本身，并且在社会主义社会中，这些问题的性质与资本主义社会中的就业问题、工资问题、物价问题的性质是根本不同的。忽略了两种不同的社会经济制度的差别而把不同性质的就业问题、工资问题、物价问题混淆在一起，那就不对了。其次，我们需要对造成我国城镇青年待业、工资水平偏低，物价有所上涨的原因，以及解决这些问题的途径做更进一步的分析。这就涉及了端正经济建设指导思想和进行经济管理体制改革的必要性问题。我准备在下一封信中再和你一起讨论。

第七封信
经济学的"社会启蒙"作用和"社会设计"作用

××同志：

从开始通信以来，我们的讨论不但越来越深入，而且越来越联系到我国社会主义经济建设的实践。我们已经明确了究竟什么是我们应当为之奋斗的社会目标，我们也已经懂得社会主义公有制的建立是实现我们的社会目标的前提；我们所需要进行的主要工作是：在社会主义公有制的基础上满足人民日益增长的物质和文化生活需要。为了做到这一点，我们就必须清除那些不利于实现社会主义的社会目标的障碍物。正如上一封信里我所谈到的，根据新中国成立三十多年的经验和教训，我们了解到，最大的障碍物有两个：一是在党的十一届三中全会以前经济工作中曾经长期存在的"左"的指导思想，另一是某些不利于国民经济发展的经济管理体制。正是由于指导思想的错误和经济管理体制中有不合理之处，所以我们尽管建立了社会主义公有制，并在这个基础上实行了社会主义计划经济，但在过去较长的一段时间内没有使社会主义制度的优越性充分发挥出来。

这样，我们就涉及了经济学研究的目的性问题。我感到，这个问题对于我们每一个学习经济学的人来说，都是非常重要的。学习经济学但又不知道学习经济学究竟是为了什么，这样显然不可能学好经济学。因此在这封信里，我准备同你们讨论的，正是经济学研究的目的何在？也就是我们为什么要学习经济学、研究经济学的问题。

（一）经济学研究的目的性

我在第四封信里曾经指出，经济学的规范研究是对于经济行为的是非善恶标准的研究。它所解决的问题是："应该是什么"和"不应该是什么"。有关经济增长的代价的讨论，社会评价标准的讨论，社会目标的讨论，都属于经济学规范研究的范围之内。不同的经济理论对社会评价标准和社会目标有不同的看法，对于实现社会目标的途径也有不同的看法。这就是说，就经济学的规范研究而言，有资产阶级经济学的规范研究，也有无产阶级经济学的规范研究，它们是根本对立的。但只要是规范研究，那么它们都需要回答"应该是什么"和"不应该是什么"的问题；只要是规范研究，那么它们的目的都在于：首先，告诉人们什么是"值得"向往的、"应该"争取的，什么是"不值得"向往的、"不应该"争取的；具体地说，"应该"选择和制定什么样的目标，"应该"放弃和否定什么样的目标。既然我们把经济学的规范研究所讨论的伦理原则看成是经济学的实证研究所要解决的问题的前提，那么我们可以这么说，从规范研究的角度来看，经济学研究的第一个目的就是"社会启蒙"。其次，经济学规范研究告诉人们，为了使那种"值得"向往的或"应该"争取的目标待以尽快地实现，"应该"做些什么，"不应该"做些什么；具体地说，"应该"制定和采取什么样的措施，"不应该"制定和采取什么样的措施。因此，从规范研究的角度来看，经济学研究的第二个目的就是"社会设计"。经济学研究者，不管他们自己是否意识到这一点，实际上他们是在充当"社会启蒙者"和"社会设计者"的角色。他们从经济学规范研究的角度所发表的有关社会评价和社会目标的各种观点，都可以被看成是他们在向社会进行"启蒙"或说服工作，要人们相信他们所认为"应当"争取的才是真正"应该"争取的。他们从经济学规范研究的角度所提出的有关实现社会目标的途径的各种主张，都可以被看成是他们的为社会的经济运行所做的一种"设计"，他们自信并且希望人们相信，如果按照这样一种"设计"去"施工"，那么"值得"向往的社会前景就会变成现实。至于从事经济学问题的实证研究的人，因为他们把规范研究所讨论的伦理原则作为既定的原则来接受，他们的实证研究成果只是在既定的伦理原则之下才是有效的，所以不管他们自己是否认识到，至少他们实际上已经参加到"社会设计者"的行列中去了。与"社会设计"不发生任何关系的经济学研究者，几乎是不存在的。

　　现在，让我们再回到上一封信结尾部分所提到的阻碍社会主义社会目标实现的因素上来。为了清除形形色色的错误指导思想的影响，经济学应当发挥它的"社会启蒙"的作用，向人们阐明科学的社会评价标准和符合社会主义社会性质的社会目标。这就是说，必须从经济学的规范研究的角度出发，从理论上把社会主义社会目标问题阐释清楚，让人民认清错误的指导思想所造成的危害，能自觉地抵制错误的指导思想，以保证经济工作中正确的思想路线的实现。党的十一届三中全会以来，广大的经济理论工作者在这些方面做了大量的工作，使党中央所制定的正确的方针、路线、政策能得到充分的阐释，被广大人民所接受，所理解，从而使我们的社会主义经济建设工作取得很大成绩。与此同时，为了使社会主义的社会目标得以实现，应当把不合理的经济管理体制逐步改变为合理的经济管理体制，经济学应当发挥它的"社会设计"的作用，提出改革和调整经济管理体制的可行的方案，并加以论证。这就是说，必须从经济学的规范研究的角度出发，从理论上对实现社会主义社会目标的经济管理体制进行探讨，分析各种可供选择的方案的利弊与得失，以便建立一种在现实条件下尽可能最好的经济管理体制，并找到使这种体制成为现实的可行的措施。这也是在党的十一届三中全会以后经济理论界所进行的重要的研究工作。对于经济理论界已经取得的成绩，我想你一定充分注意到了。

总之，经济学越能发挥它应有的"社会启蒙"作用和"社会设计"作用，经济学就越能受到社会的重视。经济学研究的目的性规定了经济学是一门必然受到人们普遍重视的社会科学。

（二）作为"社会启蒙"科学的经济学

经济学作为"社会启蒙"的科学，无疑是有阶级性的。

从经济学说史上看，经济学作为一种系统地解释社会经济现象的学说，它一开始就具有规范研究的性质，起着"社会启蒙"的作用。在西欧封建主义盛期，教会不仅是社会意识形态方面的支配者，而且也在社会经济生活中占据重要的地位。在封建主义晚期，产生了重商主义经济学说。重商主义对资本主义生产方式进行了最早的理论探讨，它以商业资本的运动作为考察对象，从流通领域研究了货币——商品——货币的运动。它重视货币的作用，重视财富的积累。尽管重商主义者并不理解货币的起源和本质，也不理解财富的源泉，但由于他们能在资本主义生产方式萌芽的时期就看出了资本主义生产的秘密在于赚钱，看出了资本主义生产的动力在于使货币增殖，这就是他们的功绩。尤其值得注意的是，重商主义者重视商人在社会经济生活中的作用，他们把封建社会晚期新兴的王权看成是商人活动的有力的支柱，把国家制定和推行的保护商业的政策看成是一国致富的秘诀。因此，从规范研究的角度来看，重商主义经济学说在当时是起了重要的"社会启蒙"作用的。重商主义反对教会的道德规范对社会经济的束缚，反对把对社会经济活动的解释建立在神学的基础上。重商主义以"王权"来反对"神权"，以对货币和财富的推崇来代替对宗教教义的膜拜，这就是经济学说史的一个巨大的进步。

但重商主义者所处的时代是封建社会日益解体并逐渐向资本主义社会过渡的阶段，他们不可能超越那个时代。他们的经济学说带有浓厚的封建色彩，他们对"王权"的歌颂反映了他们还不可能成为真正的资产阶级的"社会启蒙家"。充当资产阶级的"社会启蒙家"的任务落到了资产阶级政治经济学古典学派的身上。

古典政治经济学说代表了资本主义生产从工场手工业向大机器工业过渡时期的资产阶级的利益，反映了资产阶级关于确立资本主义生产方式的统治地位和进一步发展资本主义经济的要求。古典政治经济学家反对重商主义的理论和政策主张，反对国家政权对私人经济活动的限制。资产阶级个人主义的世界观是古典政治经济学的思想基础。

古典政治经济学的兴起和发展与重商主义相比，是经济学说史的一个更大的进步。从规范研究的角度来看，古典政治经济学当时在"社会启蒙"方面所起的重要作用在于：它宣传抽象的、超阶级的"人性"，用超阶级的"人权"来反对"王权"。在古典政治经济学家的著作中，"人"被提到中心的位置上。他们所理解的"人"，实际上是作为资本主义经济活动的主体的资产者，这种"人"被认为具有利己主义的本性，他为了个人利益而要求不断改善自己的处境；而为了个人利益，他不得不也考虑到其他一些同样为个人利益而打算的人的利益，于是主观上的利己主义同客观上彼此互利的后果便统一起来了。古典政治经济学的中心思想就是要求取消对"人"的经济活动的一切限制，让"人"按照自己的利己主义本性去从事各种经济活动。在古典政治经济学家看来，如果做到了这一点，资本主义生产就会自然而然地发展起来，社会利益也就会自然而然地有所增进。因此，古典政治经济学家作为"社会启蒙家"，他们是力图用自己的经济学说向社会表明，取消对私人经济活动的限制是有益于全社会的。虽然，正如上面已经指出的，古典政治经济学家心目中的"人"只不过是资产者的化身，但这种经济学说在资本主义生产方式确立时期，却是资产者用来反对"王权"，反对封建势力及其残余的有力武器，它在历史上是有进步作用的。

空想社会主义理论也表现为一种"社会启蒙"的经济学说。早期的空想社会主义者生活在资本主义生产方式准备阶段，他们大体上与重商主义者是同时代的；18 世纪末和 19 世纪初的一些著名的英国和法国的空想社会主义者，生活的时代与古典政治经济学家所处的时代大体上相似，这时，资本主义生产正逐渐由工场手工业过渡到大机器工业，伴随着资本主义生产的发展，资本主义的内在矛盾也发展了、加深了。从规范研究的角度来看，这些空想社会主义者、特别是 19 世纪的三大空想社会主义者（圣西门、傅立叶、欧文）看到了资本主义制度给劳动人民带来的灾难，对这种制度进行了尖锐的批判。他们还预见到人类将来一定会否定资本主义制度，使社会进入一个理性的阶段，这就是他们所憧憬的并为之论证的社会主义。空想社会主义理论的"社会启蒙"作用正表现在这里。

尽管空想社会主义者的学说是空想的、无法实现的，并且他们对资本主义制度的批判和对未来的设想都缺乏严密的科学性，但就他们所生活的那个时代来看，他们能在还不成熟的资产阶级与无产阶级的对抗关系中预见到人类历史发展的不可抗拒的趋势，能用还不成熟的社会主义理论来反映劳动人民的改造社会的愿望，这不能不被承认是一个历史的功绩。作为"社会启蒙家"，空想社会主义者在分析社会经济制度时仍然以"人性"作为标准，以标榜"人性"来反对对"人性"的践踏，而"人性"又被看成是与理性一致的。一个违背"人性"的社会就是违背理性的社会，它应该被否定；一个合乎理性的社会就是一个合乎"人性"的社会，人们应该争取使之实现。这样，同样是一种抽象的"人性"，在资产阶级古典政治经济学家的著作中，它的"社会启蒙"作用在于反对封建势力及其残余，而在空想社会主义者的著作中，它的"社会启蒙"作用则在于批判资本主义制度，要求改造资本主义制度和建立新的"理性社会"。

　　19世纪中叶，马克思和恩格斯创立了无产阶级政治经济学，即马克思主义政治经济学。马克思主义政治经济学阐明人类社会各个发展阶段上支配物质资料的生产、交换以及与之相适应的产品分配的规律。马克思主义政治经济学的创立使政治经济学发生了根本的变革，因为它第一次明确地指出，政治经济学所要研究的不是物，而是人与人之间的关系，这种关系在阶级社会中表现为阶级与阶级之间的关系。马克思主义政治经济学作为"社会启蒙"的科学，它之所以不同于以往经济学说史上曾经出现过的各种经济学说之处，就在于它科学地阐明了社会生产关系发展和变化的客观规律，对资本主义的必然灭亡和无产阶级革命的必然胜利做了充分的论证，指出了无产阶级的伟大历史使命就是推翻资本主义制度，建设社会主义和共产主义社会。马克思主义政治经济学不但教育了工人阶级和全体劳动人民，而且一旦它同工人运动结合在一起，便产生出巨大的威力，成为无产阶级反对资本主义、建设社会主义和共产主义的理论武器。因此，作为"社会启蒙"的科学，马克思主义政治经济学不仅是无产阶级借以认识客观世界，认识社会经济运动规律的科学，而且是无产阶级借以改造客观世界，掌握和运用社会经济运动规律来完成自己的历史使命的科学。

对经济学说史的考察，使我们清楚地认识到，无论是在历史上具有进步作用的资产阶级经济学说还是空想社会主义学说，都曾以规范经济的研究作为自己的理论特色，它们都提出了"应该"实现什么和"应该"反对什么的道德判断问题。而马克思主义政治经济学在"应该"实现什么和"应该"反对什么这些问题上的态度更为明显，它不像资产阶级经济学说那样用"人权""人性"等抽象的、超阶级的概念来掩盖自己的学说的本质，而是公开声称要为无产阶级的利益服务，要为实现无产阶级的历史使命服务。

因此，在讨论社会主义社会目标问题时，我们有必要对经济学作为"社会启蒙"的科学的作用有充分的认识。既然马克思主义政治经济学是无产阶级的政治经济学，是为无产阶级利益和为实现无产阶级的历史使命而进行"社会启蒙"的科学，那么我们就应当把社会主义经济工作中的指导思想问题当作经济学规范研究的重大课题，把清除各种不利于我国社会主义现代化事业的错误思想的影响当作经济学规范研究的重大课题。比如说，在我们的政治经济学书籍中，应当分析党的十一届三中全会以前较长一段时间内经济工作中的错误指导思想给国民经济所造成的巨大损害，以及它给社会主义社会目标的实现所带来的困难；应当有说服力地批判从"左"的和右的两方面违背十一届三中全会所确定的思想路线的种种错误论点；应当论证党的十一届三中全会以来党中央所制定的一系列社会主义经济建设的方针和政策的正确性及其对国民经济发展的积极意义。因此，经济学的规范研究体现了经济学作为"社会启蒙"科学的战斗作用。

正如我在第四封信里已经谈到的，经济学的规范研究之所以不同于经济学的实证研究，最根本之点在于经济学的规范研究所要研究的是经济学中的伦理学问题，经济学中的伦理原则是一切实证研究的前提。如果说通过规范的研究，已经明确某种经济行为在道德上是应当予以肯定的或予以否定的，那么对这种经济行为的实证的研究才有意义。经济学中的论理原则，也正是体现在这里。

以我们前面谈到过的我国过去一段时间内的经验教训为例。比如说，一个部门、一个地区、一个企业，不顾国家计划和财经纪律，自行其是，乱涨价，乱摊派，损害国家利益；或者毫不爱惜国家的财力、物力，不讲经济效益，在基本建设和生产经营中大量浪费国家资财；或者不顾工人的安全，单纯追求产值；或者不顾消费者的利益和需要，粗制滥造，质量低劣，光知道赚钱；或者不顾周围的环境，不顾居民的利益和健康，污染严重，但置之不理；或者不尊重工人的民主权利，不发挥他们的才干和主动性、积极性，只把工人看作单纯的劳动力；那么，所有这一切都违背了社会主义经济的伦理原则，因为一个部门、一个地区、一个企业"应该"做的，实际上它没有做，"不应该"做的，实际上却做了。在这种情况下，从经济学规范研究的角度来看，首先需要端正那个部门、那个地区、那个企业单位在经济工作中的指导思想，克服轻视计划的观点，要把国家利益、人民利益放在首位。因此，经济学的"社会启蒙"作用，在这方面表现于如何使一个部门、地区、企业的干部和职工懂得那种不顾国家利益，只着重本单位利益的做法的错误，了解那种只顾赚钱而不注意对劳动者的关心和培养的做法的危害性，以便切实地改正这种不正确的做法。另一方面，经济学的"社会启蒙"作用还表现于如何使受到这类企业的不正确做法损害的消费者、职工和周围的居民了解到，如果不对企业违背政策的经济行为进行抵制，不督促它们加以纠正，那就不仅会使自身的利益继续遭受损害，而且会使国家的利益、社会的利益继续遭受损害。从这个意义上说，经济学作为"社会启蒙"科学，在社会主义经济工作中将发挥出它应有的作用，使经济学成为改造客观世界的有力武器。

反过来说，假定撇开了经济学的规范研究，不按照经济学中的伦理原则来评价企业经济行为的是非正误，认为经济学只需要在既定的前提之下对经济行为的过程进行研究就够了，那显然是一种片面的，不正确的看法。如果那样做，结果会怎样呢？从上面所举的这个例子可以了解到，假定一个企业经营的方针不正确，它的经济行为与社会主义社会目标不符，那么越不对它的错误行为进行揭露和抵制，国家利益所受的损失就越大。

当然，我们强调经济学规范研究的重要性，决不等于不需要进行经济学的实证研究，也不等于可以轻视经济学的实证研究。如果经济学中的伦理原则已经被确定，是非正误的评价标准已经分明，而且经济行为是遵循这一原则的，是符合这些评价标准的，那么在既定的规范前提下，实证的研究大有可为。比如说，如果经济工作中的指导思想是端正的，企业经营方针是正确的，企业经济行为是与社会主义社会目标一致的，那么如何增加积累，如何提高产值，如何增加利润等问题自然就会被突出。经济学的实证研究将论证怎样以尽可能少的劳动消耗和物质消耗去取得尽可能多的生产成果，怎样把有限的资源配置到各个最合适的部门和企业之中，以及在现有的资源和技术条件下可以维持百分之几的年经济增长率，是否有可能提高年经济增长率等等。摆在实证研究面前的大量新课题，决不会使经济学工作者感到无事可做，无所作为。

（三）作为"社会设计"科学的经济学

一个建筑师，他必须首先明确"应该"建筑什么，"不应该"建筑什么，什么样的建筑是"好的"，什么样的"建筑"是"不好的"。他应该在明确了这样一些大道理之后，再进行精心的设计。在他的设计工作中，也同样存在着是非判断问题，例如，他需要根据一定的评价标准对各种方案进行评价，衡量利弊优劣，以便选择一种尽可能最好而又切实可行的方案。对经济学来说，有许多情况是与建筑学相似的，如果把经济学工作者比作建筑师、设计师的话，那么他们完全有资格被称为社会的建筑师、社会的设计师。

从规范研究的角度来看，经济学作为"社会启蒙"的科学，它告诉人们"应当"怎样评价一个社会，"应当"制定什么样的社会目标，并动员人们为实现这一社会目标而努力；经济学作为"社会设计"的科学，它告诉人们，在社会评价标准和社会目标为既定的前提下，"应当"采取什么样的措施，"不应当"采取什么样的措施，"应当"建立什么样的经济管理体制，"不应当"采取什么样的经济管理体制，以便使既定的社会目标由可能变为现实。在这方面，经济学的"社会启蒙"作用和它的"社会设计"作用具有一致性。经济学作为"社会设计"的科学，同样体现了经济学中的伦理原则，因为如果不能说明一种经济行为究竟对谁有利，对谁不利，不能判断一种经济体系运行的后果的是非善恶，那么经济学仍然不能起到促进社会主义社会目标顺利实现的作用。

从经济学说史来看，资产阶级古典政治经济学的"社会启蒙"作用和"社会设计"作用是统一的。当古典政治经济学家提出要尊重"人类的本性"，发挥个人的利己心，取消对私人经济活动的限制，以保证资本主义经济的发展的时候，他们是在进行自己的"社会启蒙"工作。为了使这种个人主义、自由主义的经济思想起到指导资产阶级制定政策，促进资本主义现实生活朝着有利于资本主义经济发展的方向转变的作用，为了使他们描绘的资本主义"理想境界"得以实现，他们设计了这样一种经济制度，这就是私人企业和市场经济制度；他们设计了这样一些经济政策，这就是国家不干预私人经济活动的自由放任、自由竞争、自由贸易的经济政策。资产阶级古典政治经济学家成了自由资本主义社会的"设计师"。他们的"设计"陆续被19世纪的英国资产阶级政府所采用，成为现实。

在社会主义社会中，如果把关心和培养劳动者，满足人民的日益增长的物质和文化生活需要，建设高度物质文明和精神文明相结合的社会，作为社会目标，并以是否实现这种社会目标或在多大程度上有助于实现这种社会目标来判断经济工作指导思想的正确与否，那么应当认识到，这是经济学作为"社会启蒙"科学起作用的结果。但是，我们还应该懂得，如果不发挥经济学作为"社会设计"的科学所应当具有的作用，不研究实现社会主义社会目标和促进国民经济发展的理论和实际问题，那么社会主义社会目标并不会自动地实现。

比如说，在社会主义社会中，作为"社会设计"科学的经济学，有必要从规范研究的角度来对各种可供选择的经济管理体制方案进行评价，确立在现实条件下切实可行的、既有利于保证国民经济协调发展，又有利于提高企业经济效益的经济管理体制。经济学界应当积极地从事这一课题的理论研究。总的说来，在我国现阶段，如果能确立这样一种经济管理体制，那将是有利于社会主义社会目标的实现的：

第一，正确贯彻计划经济为主、市场调节为辅的原则。不实行有计划的生产和流通，无法保证国民经济按比例地协调发展；同时，不允许对于部分产品的生产和流通可以由市场来调节，由价值规律自发地起调节作用，对国民经济的发展也是不利的。而在计划管理方面，对于国营经济中关系国计民生的生产资料和消费资料的生产和分配，尤其是对于关系经济全局的骨干企业，应当实行指令性计划；在集体所有制经济中，对于粮食和其他重要农副产品的征购派购，也应当根据需要下达一些具有指令性的指标。此外，还应当根据我国目前存在多种经济形式的具体情况，并考虑社会需求的复杂性和许多企业的生产能力的难以精确计算等特点，在一定的范围内实行指导性计划。这样，正确划分指令性计划、指导性计划和市场调节的范围和界限，三种管理形式结合使用，就可以既保证国家计划的统一领导，又能让企业根据商品的性质和种类的不同，在需要和可能的条件下按照市场供求的变化，灵活地安排生产和销售。

第二，为了发挥企业和劳动者的积极性，在全民所有制经济和集体所有制经济中都有必要使生产经营单位和劳动者的生产经营成果同他们的物质利益联系起来。在全民所有制经济中，应当有步骤地扩大企业生产经营的自主权，使企业能拥有一定的机动财力，发挥本单位的积极性和利用本单位的潜力，兴办与企业自身利益和本单位职工利益有关的事情，并促进企业的技术改造。无论在全民所有制经济还是在集体所有制经济中，都必须认真实行经营管理方面的责任制，克服平均主义，消除"吃大锅饭"的现象。实行经济管理方面的责任制，将会加强劳动者的主人翁责任感，使国家、企业单位和劳动者个人都增加收入，使生产得到较快的发展。

第三，把调整和改组企业作为社会主义经济发展过程中正常的和必要的措施。这就是说，一方面要整顿企业，改变劳动纪律和财政纪律松弛的现象，另一方面要对那些物质消耗很高、产品质量很差、长期亏损的落后企业实行"关、停、并、转"，让先进的企业有足够的能源和原材料，进行生产。如果只是迁就、保护落后企业，甚至束缚、限制先进企业，那么企业和社会的经济效益是不可能提高的，国民经济也是不可能顺利发展的。

第四，逐步增加劳动者的社会流动性，使生产经营单位逐渐有可能招收自己所需要的人，辞退多余的人；劳动者也逐渐有可能离开某一个生产经营单位，到另一个更适合发挥自己才能和积极性的生产经营单位去。劳动管理体制方面的这些改革必须在国家统一领导下进行，必须采取慎重而又有利于调动劳动者积极性的措施，以免因劳动者的盲目流动和不合理流动而引起社会的不安定和造成国民经济中不应有的损失。

第五，为了与以上的各种经济管理体制改革措施相适应，必须改革领导机构和干部制度，实现干部队伍的革命化、年轻化、知识化、专业化。应当说，新中国成立 30 多年来，我们已经培养和锻炼了相当一批懂得专业的、有实际领导能力的干部。问题是一部分干部已经年龄偏大，继续在第一线工作，往往力不从心，而有些部门和单位则未能认真地做到任人唯贤，择优选用，因此挑选和培养得力的干部已成为实现四个现代化的当务之急。不实行领导机构和干部制度的改革，缺乏一大批实现四个现代化的干部，我们的事业是不能成功的。领导机构和干部制度改革的主要目的是克服官僚主义，提高工作效率。今后，党的领导主要是思想政治和方针政策的领导，是对于干部的选拔、分配、考核和监督，而不是代替政府和企业的行政工作和生产指挥。这样，既能使党发挥领导和重大决策的作用，又能使行政工作和经济管理工作更有效地进行。

如果我们在经济管理体制方面能进行以上这些具有重大意义的改革，那么我们不仅能够逐步解决历史遗留下来的各个问题，提高各方面的经济效率，改善国民经济状况，而且必然为今后的国民经济发展打下坚实的基础，保证我国社会主义经济的新的振兴时期的到来。可以预料，随着上述这些具有重大意义的改革的进行，在经济工作中，我们将会看到这样一种新的局面：

由于企业的负责人是在民主的基础上产生的，在经济管理体制改革过程中，将组成一支革命化的管理队伍。这些负责人的精神面貌和工作作风将会有很大的变化。他们只有在执行党的方针、政策方面，在执行国家计划方面，在关心劳动者和培养劳动者方面做出成绩来，才能继续得到群众的信赖和支持，才能继续担任经济工作的领导。如果他们只关心自己的地位，不关心群众的生活；只关心自己的亲属子女，不关心职工的家庭；只关心小单位的利益，不关心国家整体的利益、社会的利益，他们就会被群众所信赖的其他人所替代。

由于企业在生产经营方面有一定的自主权，能在适当的范围内举办企业认为合适的事情，有权并有机动的财力自行解决这方面的问题，那就可以调动企业的积极性、职工的积极性，发挥企业和职工的创造力，并可以在一定界限内努力为消费者的需要进行生产。企业可以在把国家的利益、本单位的利益和职工的利益结合起来的基础上，通过自己的生产和公益活动，使企业更好地发展。

由于实行以计划经济为主，市场调节为辅的原则，并且在经济管理中适当地运用指令性计划、指导性计划和市场调节三种形式，可以把各方面的积极性、主动性同全国经济活动的统一性、计划性完满地结合起来，推动国民经济的发展，推动企业根据消费者的需要进行生产。假定有的企业单纯追求利润，不顾产品质量，不顾消费者的利益，企业就会遇到"销售危机"，就会被淘汰。这就是说，这样一种经济管理体制将促使企业从不关心消费者到关心消费者。

由于企业管理制度和劳动管理制度有步骤地进行了改革，企业将注意并加强对职工的培养。今后，哪个工作单位不关心职工，不培养职工，人才就留不住，就会发生"人才危机"。相反地，哪个工作单位热情关心职工，照顾职工的生活，努力培养职工，调动职工的积极性，人才就流向那里。企业越是关心职工、培养职工，企业的生产就越有成绩，技术变革的速度就越快，经济效益的提高幅度就越大。而随着产品质量的提高、成本的降低、利润的增加，企业自己的机动财力也将增大。这样，由于体制改革而增加了的劳动者的流动性，将使企业关心职工，培养职工，重视人才，争聘人才。而在企业加强培养职工的情况下，企业不仅出产品，而且出人才。

从这里，我们可以清楚地看到，逐步实行有利于实现社会主义社会目标的经济管理体制改革和与此密切有关的各种改革是非常必要的。经济学作为"社会设计"的科学，可以在调查、研究、设计和推行经济管理体制改革方面起着重要作用。不久前我还听到一些学习经济学的青年同志在议论："经济学究竟有多大用处？"我想，如果他们对经济学的"社会启蒙"作用和"社会设计"作用有所了解，他们自己就会为这个问题找到答案了。因为问题不在于经济学究竟"有用"还是"没有用"，而在于我们究竟是使经济学成为"有用"的学问还是使它成为"没有用"的"学问"。如果理论脱离实际，把经济学变成纯粹的空谈或概念游戏，使它既起不到"社会启蒙"作用，又起不到"社会设计"作用，那么就很难说这样的经济学是有用的。

这样，我们就可以对上一封信结尾部分谈到的就业、工资、物价三个问题的解决途径问题，进行较深入的考察了。有了正确的经济建设指导思想，并且通过一系列的经济管理体制的改革工作，可以相信，我们将会逐步建立有我国特色的社会主义的劳动管理体制、工资管理体制、物价管理体制。

在这种劳动管理体制之下，劳动就业门路宽广，青年人在走上工作岗位之前将接受一定的职业、技术培训，企业将根据生产经营的需要而选用适合的职工，新开发的地区和新建的部门将欢迎那些愿意去工作的人员从事各种工作，劳动服务公司及其他相类似的机构将起着社会主义劳动力调节者的作用，各种合作经济性质的生产、生活服务的组织将吸收越来越多的劳动者，有能力自谋职业的青年人在法律容许的范围内将不愁无用武之地。通过经济管理体制的改革，在劳动生产率提高和人民实际收入增长的基础上，新行业和经济活动新领域将不断被开辟。只要我们继续抓紧计划生育工作，那么我们将逐步做到劳动力供求基本相适应，部分青年人的待业问题也就会得到解决。

在这种工资管理体制之下，平均主义将被克服，按劳分配原则将被贯彻，企业的工资总额将同企业生产经营成果的好坏、企业对国家和社会的贡献的大小相联系，职工的个人劳动收入将同个人劳动成果的好坏和个人技术水平的高低相联系；企业将致力于革新技术，降低成本，提高产品质量，增加花色品种，增加对国家的税利贡献；职工将致力于提高文化技术水平，提高劳动生产率，多出成果，出好成果。在劳动生产率增长的基础上，我国的职工平均工资将有计划按比例增长，目前职工工资偏低的情况肯定会改变。

在这种物价管理体制之下，各种产品价格之间的不合理的比率将得到调整，价格与价值过分背离的现象将逐步消失，企业将在价格趋于合理或比较合理的条件下加强经济核算，以提高经济效益；而对整个国民经济来说，由于企业经济效益的提高和国家财政收入的增加，由于产品比价和国民经济各部门之间的比例关系趋于合理，物价水平的基本稳定也就可以得到保证。

如果你认为我的上述分析是有道理的，那么你一定会感到经济管理体制改革的迫切性，一定会感到经济学研究的有用性。同时，你也不会对我国当前就业问题、工资问题、物价问题的解决感到信心不足了。

第八封信
经济学学习、研究者的社会责任感

×× 同志：

上一封信谈到了经济学作为"社会启蒙"科学和"社会设计"科学应该发挥的作用和能够发挥的作用。这样，我们也就理所当然地接触到一个同你、我以及所有学习、研究经济学的人都有关系的问题：经济学的学习、研究者的社会责任是什么？

毫无疑问，这也是经济学规范研究中所要回答的问题，因为经济学的学习、研究者不是为学习、研究经济学而学习、研究经济学的。我们学习经济学，研究经济问题，是为了认识客观世界和改造客观世界，经济学学习、研究者的社会责任正是同经济学研究的目的联系在一起的，同经济学的"社会启蒙"作用和"社会设计"作用联系在一起的。换句话说，从规范研究的角度来考察，关于经济学学习、研究者的社会责任的问题就是"应该"为什么而研究和"应该"研究什么，"不应该"为什么而研究和"不应该"研究什么的问题。

（一）时代赋予经济学学习、研究者的使命

任何一个时代总有本时代的特征和本时代的要求；时代不同，时代的特征和时代的要求也就不同。从世界的范围来看，每一个经济学学习、研究者都应当首先了解当代世界的特征和要求，了解世

界的发展动向。从民族的范围来看，每一个经济学学习、研究者都应当首先了解本国当前在世界中的地位，当前本国在社会、政治、经济和文化方面的实际情况，以及今后的发展动向。我们可以把经济学学习、研究者对这些情况的了解和认识，称作经济学学习、研究者的时代感。如果缺乏时代感，那是不可能在经济学的学习中有深入的领会，在经济学的研究中真正做出成绩来的。

但经济学学习、研究者的时代感，并不仅仅指他们对世界和本国的特征、要求和动向有所了解。经济学学习、研究者除了需要了解这些特征、要求和动向而外，还应当在自己的研究中反映这些特征、要求和动向。他们对这些特征、要求和动向的反映之所以不同于其他学科的学习、研究者，主要在于他们是从经济理论的角度来进行分析，并在自己的经济学研究作品中反映时代的特征、要求和动向。

由于经济学是"社会启蒙"和"社会设计"的科学，所以一个经济学学习、研究者要使自己成为具有时代感的人，那么他在进行学习、研究时，应该把明确的伦理判断作为学习和研究工作的一个指导的方面。在他的心目中，必须有一个"好的"或"不好的"、"正确的"或"错误的"，"应该"争取实现的或"不应该"争取实现的目标概念。这就是说，有时代感的经济学学习、研究者将首先是一个从事经济学规范研究的人。如果他认为经济学的规范研究已经被前人所解决了，经济学中已经有现成的规范可以被接受，这当然不妨碍他从事经济学的实证研究。但他必须根据伦理原则来判断现成的经济学规范是不是可以被接受的，他必须做更深入一步的考虑：假定有的现成的经济学规范在伦理上是不可以被接受的，那么他将怎样开展研究？如果他不首先明确"应该"为什么而研究和"应该"研究什么，他的研究究竟会有多大的现实意义呢？

这并不是说，每一个经济学学习、研究者都必须成为一个规范经济学家。这只是说，无论他通过什么方式来学习经济学，或者无论他从事什么样的经济问题研究，他都必须首先了解时代的特征、要求和动向，了解本国国情，懂得自己的学习、研究是同实现规范经济学所提出的社会目标分不开的。并在这个前提下，再进行自己的实证性的研究工作，使自己对于社会经济问题有正确的观点。

对于任何一个经济学学习、研究者来说，不管他意识到还是不曾意识到，实际上他或者是现实经济的维护者，或者是现实经济的变革者或赞成变革的人，他或者一方面是现实经济的某些方面的维护者，同时又是现实经济的另一些方面的变革者或赞成变革的人。既不维护现实经济或现实经济的某些方面，又不要求变革现实经济或现实经济的某些方面的经济学学习、研究者，几乎是不存在的。如果说确实有人这样地研究经济学，他完全超脱于现实经济之外，他不认为现实经济中有什么值得维护之处，也不认为现实经济中有什么应该变革之处，他不问不闻现实经济的问题，对现实经济中的是非无动于衷，那么，他肯定算不上一个好的经济学学习、研究者。这是因为，一个缺乏时代感的人是不可能成为一个好的经济学学习、研究者的，一个不懂得时代赋予经济学学习、研究者的使命的人，也不可能成为一个好的经济学学习、研究者。

再进一步说，即使经济学的学习、研究者是现实经济的维护者，但从不同的角度来考察，现实经济中总还存在着需要继续完善和改进的地方。经济学意义上的"最优"通常只是一种理想的境界，至少它是不可能很快达到的境界，甚至它是不可能完全实现的。它可以作为一种理想的标准而存在，但实际的经济生活中，能够接近"最优"或能够实现"次优"或"次优中的最优"就已经很不错了。因此，一个经济学的学习、研究者如果对现实经济是维护的，那并不等于他不要求使它继续完善和改进，也不等于他不准备研究新出现的问题。这里包括对实现社会目标的途径和采取的具体措施提出完善和改进的办法，包括对新出现的问题提出看法和对策。假定现实经济中一切都已经尽善尽美，再也用不着完善和改进了，假定经济中不会再出现新问题了，那时也许就用不着研究经济学了，但这一天是永远不会来到的。

（二）经济学学习、研究者的时代感和社会责任感的一致性

经济学学习、研究者在认识时代赋予自己的使命的基础上所产生的完成这种使命的迫切心情，可以称作经济学学习、研究者的社会责任感。这样，对任何一个经济学的学习、研究者来说，他的时代感和社会责任感是一致的。可以设想一下，一个对时代的特征、时代的要求和时代的动向没有足够认识的经济学的学习、研究者，难道会对时代赋予自己的使命有足够的认识吗？一个对时代所赋予的使命没有足够认识的经济学学习、研究者，难道会产生完成这种使命的迫切心情吗？

因此，经济学的学习、研究者必须懂得自己的社会责任所在。他必须懂得，自己应对科学负责，对祖国负责，对历史负责。

对科学负责是指：一个经济学的学习、研究者应当勇于探求真理，坚持真理，修正错误，有严谨的治学态度，有在科学的攀登上不畏艰难险阻的精神。如果经济学的学习、研究者具有科学的责任感，他就会尊重科学，尊重事实，而不会违背科学的良知。

对祖国负责是指：一个经济学的学习、研究者应当热爱祖国，热爱人民，感到有责任为祖国的繁荣昌盛而贡献自己的力量。如果他具有这种责任感，他就会认识自己的学习和研究工作的意义，因

为这种学习和研究工作是同祖国的利益、人民的利益不可分的。他的学习和研究工作是融合在振兴祖国的伟大事业之中的。

对历史负责是指：一个经济学的学习、研究者应当时时刻刻想到，自己的研究成果能否经得起历史的检验？它们究竟对于社会经济的历史进程起着什么样的作用？如果经济学的学习、研究者具有历史的责任感，他将会更深刻地理解学习经济学、研究经济学的深刻意义。

经济学作为"社会启蒙"的科学，说明经济学学习、研究者的社会责任，就是一个教育、宣传工作者的社会责任。好的研究作品能够给人们以知识、力量和信心；差的研究作品不但不能给人们以有益的东西，而且可能使人们沮丧、彷徨、甚至走向反面。经济学作为"社会设计"的科学，说明经济学学习、研究者的社会责任，就是一个经济政策研究者的社会责任。好的"社会设计"如果得以实现，有助于接近或达到理想的社会目标，使社会趋向于接近或符合科学的社会评价标准；差的"社会设计"不但不能做到这一点，而且当它们一旦被采纳和实行的话，很可能使民族遭受灾难，使历史倒退，使社会从科学走向蒙昧。这是一个向科学负责，向祖国负责，向历史负责的人所不能不认真考虑的问题。

从这个意义上说，经济学作品与文学艺术作品一样，也有一个社会效果问题。为什么我们必须抵制各种违背四项基本原则的言行，为什么我们必须对错误的论点进行严肃的批评，为什么我们必须清除形形色色反动腐朽的资产阶级思想所造成的恶劣影响，这不都是为了使我们得以早日实现社会主义的社会目标么？以经济学来说，经济学的学习、研究者赞成什么样的经济学的伦理原则，什么样的社会评价标准，什么样的社会目标，赞成通过什么途径来实现这样的社会目标，这些也都会在社会上引起一定的反响。而一旦这些看法或设想在某种程度上得到实现的话，那么它们就会对经济发生反作用，引起社会经济的一定的变化，从经济增长速度的变化到收入分配比例的变化，从资源配置方式的变化到人与人之间关系的变化，从人们生活的周围环境的变化到社会风气的变化，等等。从规范研究的角度来看，这种变化或者是朝"好"的方向变化，或者是朝"坏"的方面变化。衡量的标准就是：与变化以前相比，生产关系与生产力之间的适应程度是增进了，还是减弱了；人民的物质和文化生活水平是提高了，还是下降了；建设高度物质文明和精神文明相结合的社会主义社会这一社会目标，是离我们近了，还是远了。

　　既然经济学的研究作品有一个社会效果问题，经济学的学习、研究者就必须用社会效果来检验自己的研究工作。只要他是对科学负责的，对祖国负责的，对历史负责的，那么当他认为自己的研究工作是经得起用社会效果来检验的时候，他将坚持自己的观点，他的社会责任感给他以力量。只要他是对科学负责的，对祖国负责的，对历史负责的，那么当他发现自己的研究工作在用社会效果检验后还存在着这样或那样的缺陷和错误时，他将勇于自我批评，同时接受别人的批评，修正自己的观点，直至完全改变自己过去的看法。这同样是社会责任感给了他力量。

　　正如缺乏时代感的经济学学习、研究者不可能成为一个好的经济学学习、研究者一样，一个缺乏社会责任感的经济学学习、研究者，也很难被称为好的经济学学习、研究者。

（三）经济学学习、研究者的社会责任感和学习、研究课题之间的关系

　　经济学学习、研究者的社会责任感同他所学习、研究的课题是两个不同的问题，前者是指经济学学习、研究者本人对时代赋予自

己的使命的认识，以及他为了完成这一使命而应当努力达到的思想境界，后者是指经济学学习、研究者为了完成这一使命而从事的具体的学习、研究项目。

　　一个经济学学习、研究者是否具有社会责任感，这并不取决于他所学习、研究的课题。一个探讨纯经济理论的人不一定不具有社会责任感，一个探讨应用经济问题的人也不一定具有社会责任感；一个研究经济方面的历史题材的经济学学习、研究者不一定不具有社会责任感，一个研究现实经济题材的经济学学习、研究者也不一定具有社会责任感。问题不在于学习、研究的课题，而在于学习、研究的态度和对于经济学本身的意义的认识。

　　一个学习、研究现实经济的人，如果他对于经济学的"社会启蒙"和"社会设计"作用缺乏认识，不懂得自己的学习、研究应对科学负责，对祖国负责，对历史负责；或者他出于个人的其他某些考虑，不愿意正视现实中的某些问题，那么，即使他以现实经济作为学习、研究的课题，他可能完全不想了解或不去了解时代的特征、要求和动向，他可能忽视或者干脆回避一个经济学学习、研究者应负的社会责任。

　　与此不同的是，一个研究经济方面的历史题材的人，如果他认识到经济学是"社会启蒙"的科学和"社会设计"的科学，他感到自己应当对科学负责，对祖国负责，对历史负责，哪怕在这一过程中可能遇到挫折，他也在所不计。这样，他在学习和研究时，就会牢记经济学的学习、研究者应负的社会责任，他将用行动来证实并没有辜负社会对自己的期望。

　　当然，这并不是说一个研究经济方面的历史题材的人，只有联系实际问题才表现出他具有社会责任感。如果他能在历史题材的学习、研究中，总结出一些能供当前经济工作借鉴的经验或教训，并在自己的研究作品中反映这一点，或者他能重视过去与现在之间的联系，他从历史题材的研究中，通过历史的联系或比较研究，提出自己对现实经济的看法，这些都是他的社会责任感的体现。即使他并没有从历史题材的研究中直接总结出供当前经济工作借鉴的经验或教训，又不曾探讨过去与现在之间的联系或把过去与现在进行比较，而是进行纯粹学术性的历史题材的研究，但他的治学态度是认真的，他对自己在学术方面的要求是严肃的，他认识到自己的经济研究工作与整个民族科学文化水平的提高之间的关系，他把自己的经济研究工作同祖国科学文化事业的繁荣联系起来，他作为一个严谨的、踏实的学习者和研究者，在历史题材的研究中辛勤地工作，这样，他同样是一个具有社会责任感的人，他的研究是对科学负责的，对祖国负责的，对历史负责的。

（四）经济学学习、研究者社会责任感的形成和坚持

　　一个经济学学习、研究者的社会责任感不是天赋的，他的社会责任感形成于他学习经济学、研究经济学的实践过程中。

　　在我们这个社会中，一个爱好经济学的青年人，当他刚开始接触经济学的时候，或者，当他刚开始对经济学有所爱好的时候，他可能并没有形成自己的社会责任感。如果由于各方面的原因，比如说，受到家庭的影响或周围环境的影响，他也有可能朦朦胧胧地感觉到自己应当具有一定的经济理论和应用的知识和技能，以便更好地为人民服务，为社会主义建设服务，但这只是一种社会主义条件下经济学青年爱好者的朴素的社会责任感。他对问题的认识还没有上升到经济理论的高度。出于一种青年人的朴素的社会责任感，他

可能有一股勇于钻研的热情，不怕挫折的精神，但由于他还缺乏经济学的理论修养，他对于经济学中的是非的鉴别能力是不足的。他可能把本质上有错误但却能迷惑人的东西当成真理。前些年我看到过这样一些青年人，他们曾被那些以最"革命"的词藻所掩盖着的经济学中的糟粕所欺骗。这些年，我也看到这样一些青年人，他们接触到一些流行于西方经济学界的、观点很成问题的经济学书刊，误以为其中的某某"定律""原理"就是科学的道理，并把坚持这些说教当成是对真理的坚持。这样，他们自认为是对科学负责，实际上却同自己的初衷相违背。因此，这种朦朦胧胧的社会责任感是靠不住的。一个经济学学习、研究者的社会责任感，应当建立在科学的经济学理论的基础上。这就是说，他必须学习和掌握马克思主义经济理论的基本原理，运用这些基本原理来分析客观事物，辨别经济行为中的是与非，懂得什么是"应该"争取的和维护的，什么是"应该"摒弃的和否定的。这样，他才能明确究竟什么才是"应该"对之负责的，什么是"不应该"对之负责的。他才能使自己的学习和研究循着正确的道路前进。这才是真正对科学负责，对祖国负责，对历史负责。

一个经济学学习、研究者所处的客观环境对他的社会责任感的形成起着重要的作用。社会的实际状况和社会经济生活中存在的各种各样的问题，推动他去思考，使他感觉到自己有责任去探讨这些问题，寻求答案。许多有成就的经济学工作者，在开始研究经济学时，可能还意识不到研究现实经济问题的迫切意义，而是在他同社会实际接触的过程中，逐渐认识到这一意义的。他的社会责任感也就在同社会实际的接触过程中逐渐加强了。我们还能看到，某些有成就的经济学工作者是这样成长起来的：他们原来不是学习经济学的，甚至原来对经济学没有什么兴趣，比如说，他们是医生，是工程技术人员，是中小学教师，是工人、农民等等。但是，正由于他们从社会实际中感到了社会经济问题的存在，他们认为自己有责任去研究这些问题，于是从不了解经济学到喜爱经济学，从转入对经济学的研究到写出经济学的著作，最终成为一个有成就的经济学工作者。这说明，由于社会上人人都参加了经济生活，时时刻刻都接触到经济问题，因此，谁都可能成为经济学的爱好者，而不管他原来学习的是什么专业，目前正在从事的是什么工作，是生活在经济发达的地区，还是经济不发达的地区，家里有没有研究经济学的亲属，朋友之中有没有经济学的爱好者。但有一点，大体上是可以肯定的，一个原来以经济学作为专业的人或一个正在从事经济学研究工作的人，也有可能并不具有经济学学习、研究者的社会责任感。这是因为，尽管他原来学习了经济学，现在又以经济学研究作为自己的本职工作，但他可能不了解经济学作为"社会启蒙"科学的性质，也可能不认识经济学的"社会设计"作用。而一个原来并非以经济学作为专业的人，或一个并非从事经济学研究的人，当他后来对经济学感到浓厚的兴趣，业余认真从事经济问题的探讨，或最终转入对经济学的研究时，他却往往是具有一个经济学学习、研究者所应当具有的社会责任感的人。可以说，他是在同社会实际接触的过程中懂得了研究经济学的意义，然后才转而研究经济学的。正是他在这一过程中逐渐形成的经济学研究的社会责任感，使得他在研究工作遇到障碍或挫折时，不气馁，不松懈，不抱怨。

这封信写到这里，本来打算结束了。但我想再说几句话。

你和你周围的朋友们，今天都是经济学的青年爱好者，但若干年后，你们之中有些人可能成为有成就的专业或业余的经济学工作者了。到那时，你们一定不要忘记经济学的学习和研究始终应当对科学负责，对祖国负责，对历史负责。

我们曾经看到，有些经济学工作者，开始时的确是有时代感和社会责任感的，但后来，时代感和社会责任感却渐渐淡薄了，甚至消失了。他们变成了缺乏时代感的落伍的经济学工作者，变成了缺乏社会责任感的、回避现实的经济学工作者。难能可贵的，是那些曾经在经济学研究工作中做出了一定的成绩，并且因此而享有一定的名声或有了一定的社会地位的经济学工作者。他们始终有高度的社会责任感，始终以对科学负责，对祖国负责，对历史负责的态度来研究经济学问题。这样的经济学工作者毕生都在经济学研究的道路上前进，这样的经济学工作者是我们大家学习的榜样。作为经济学工作者，我们每一个人，无论是在做出成绩之前，还是在做出成绩之后，都应当经常用这样一些问题来询问自己：

你是不是忘记了经济学作为"社会启蒙"科学和作为"社会设计"科学的作用？

你是不是忘记了时代所赋予经济学学习、研究者的使命？

你是不是忘记了自己的研究工作应当向科学负责，向祖国负责，向历史负责？

假定你已经是一个知名的经济学家，当你的作品受到了别人的批评，包括一些没有名气的人对你的批评的时候，当他们指出了你的作品中有错误，指出你的论点经不起实践的检验或者已经陈旧过时的时候，你有没有勇气承认，有没有勇气进行诚恳的自我批评，并修正自己的错误观点，直到完全摒弃它们？

我相信，只要我们经常想到这些问题，并且经常用以自省，我们不但会保持经济学学习、研究者所应当具有的时代感和社会责任感，而且会不断地加强这种时代感和社会责任感。甚至在我们在经济学研究中做出了一些成绩之后，我们仍然会这样。

第九封信
经济行为的道德判断和实践检验的统一

×× 同志:

　　你在最近的来信中提到，经济学的学习、研究者无疑应当具有社会责任感，但由于各人对社会责任的理解不同，那又怎样检验什么样的社会责任感是正确的，什么样的社会责任感是不正确的呢？甚至某些被认为缺乏社会责任感的人，他们也可能自称是有社会责任感的，这样一来，所谓的经济学学习、研究者的社会责任感不是变得飘忽不定、难以捉摸了吗？那么，我们究竟应当以什么标准来鉴别呢？

　　你提出的问题非常重要。这仍然是经济学研究中的道德判断问题。它应当是作为经济学研究的前提而被事先考虑的。这是因为，一个经济学学习、研究者的社会责任感，来自他对时代的特征、要求和动向的认识，来自他对经济学的"社会启蒙"作用和"社会设计"作用的认识，如果他不能判断经济行为的是与非，不能识别什么样的经济行为是"善"，什么样的经济行为是"恶"，那么他也就无法真正认识时代的特征、要求和动向，他所理解的经济学的"社会启蒙"作用和"社会设计"作用不仅可能是模糊的，甚至可能是错误的。这再一次提醒我们必须重视经济学中的伦理原则。

　　由于我们把关心和培养劳动者，把尽可能地满足劳动者的物质和文化生活的需要作为我们的经济工作应该遵循的方针，把建设高度物质文明和精神文明相结合的社会主义社会作为我们的社会目标，因此，我们可以用"劳动者的最大利益"作为经济行为的伦理标准。也就是说，凡是符合"劳动者的最大利益"的，就是"是"或"善"，不符合"劳动者的最大利益"的，就是"非"或"恶"。经济行为的是非善恶要用这样的伦理标准来衡量，对时代的特征、要求和动向的认识也要从争取实现"劳动者的最大利益"这一立场出发。关于这些，在以前的信中都已谈过，我在这里只是把它们再归纳一下。我想，只要我们明确了这些，那么，社会责任感的检验问题也就可以解决。这就是说，判断一个经济学学习、研究者的社会责任感，只能依据他是否把关心和实现"劳动者的最大利益"作为自己的责任。如果他并不以此作为自己的责任，那么尽管他自称有社会责任感，那是没有根据的。如果我们用"劳动者的最大利益"作为经济行为的伦理标准，经济学学习、研究者的社会责任感就不再那么飘忽不定或难以捉摸了。

这样，我们所讨论的问题，再一次回到"劳动者的最大利益"这个经济行为的伦理标准上来。但这里仍有一个需要弄清楚的问题，这就是经济行为的道德判断与实践检验之间的关系。这个问题不解决，经济学学习、研究者的社会责任感可能仍然是含糊的。下面，让我们以西方经济学中流行经济行为的道德判断准则——"平等"和"效率"——为例来说明这一点。

（一）怎样理解"平等"？

在西方经济学中，"平等"或"效率"作为经济行为的道德判断准则，由来已经很久了。一些自称对社会负责的西方经济学家，在从事资产阶级规范经济学的研究时，总是以促进"平等"与否，或者提高"效率"与否，作为是非善恶的标准。例如，在某些西方经济学家看来，一种经济行为有助于实现"平等"的，就是"善"的；不利于实现"平等"的，就是"恶"的。在另一些西方经济学家的著作中，则认为有利于提高"效率"的经济行为才是"善"，有损于"效率"的提高的经济行为便是"恶"。不管西方经济学家采用哪一种标准来评价经济行为，他们的共同的错误就是把"平等"或"效率"看成是可以脱离具体的人们利益关系而孤立地存在的评价标准。

以前，我们在讨论社会的评价标准时，谈到过"平等"一词的含义。在这里，我觉得有必要再一次结合经济行为的伦理标准问题，谈谈"平等"一词的含义。"平等"还是"不平等"作为一种道德范畴，不可能脱离它们本身在一定历史条件下所反映的利益关系。抽象的、超利益关系的道德概念是不存在的；存在的总是具体的、历史的、体现着人们的利益关系的道德概念。

"平等"还是"不平等"，就它们所体现的人们的利益关系而言，不仅是指收入分配或财富分配的实际状况，更重要的是指人们在社会中所处的地位和所拥有的权利的比较。大多数资产阶级经济学著作中的"平等"概念，只适用于前者，似乎收入分配或财富分配越平均，社会就越"平等"。按照这种观点，导致收入或财富均等化的经济行为是"善"的，否则就是"恶"的，如果达到了收入或财富分配的绝对平均，那就达到"至善"状态了。当然，也有一些资产阶级经济学著作中强调后者，它们把地位的平等和权利的平等看得更为重要，认为促进地位平等和权利的平等的经济行为是"善"，否则就是"恶"。那么，从经济行为的道德判断和实践检验统一的角度来看，我们应当怎样看待"平等"和"不平等"呢？

任何一个学习过社会发展史或政治经济学基础知识的读者都知道，人类社会由平等发展为不平等，最后又将由不平等发展为平等，是一个不可避免的历史过程。原始社会的最初的平等是同极其低下的生产力水平联系在一起的；奴隶社会和封建社会的不平等是公开的、赤裸裸的不平等，这也与当时的生产力水平低下有关；资本主义条件下，社会在本质上是不平等的，但却具有形式上的平等、一种以等价交换形式表现出来的平等，这仍然同资本主义社会的生产力水平相联系，因为在资本主义大机器生产基础上建立的发达的资本主义商品经济，可以做到这样一点，这就是通过形式上平等的资本主义雇佣关系来实现资本对劳动的剥削。这种形式上的平等（资本主义雇佣关系）既是实质上的不平等（资本家拥有生产资料并对雇佣劳动者进行剥削）的条件，又是实质上的不平等的结果，因为没有人身自由的雇佣劳动者，就不会有资本主义生产，而人身自由的劳动者之所以不得不出卖劳动力，又正是由于他们被剥夺了生产资料的缘故。

如果我们理解了资本主义社会中的这种实质上的不平等与形式上平等之间的关系，那就可以懂得，在资产阶级进行反对封建势力的斗争的过程中，资产阶级的平等概念是有进步性的。但即使在当时，这种进步性的存在也不会改变资产阶级的平等概念的剥削阶级性质。

现在让我们转入对社会主义社会中的平等问题的考察。我们在前面讨论社会的评价标准时已经谈过，真正的平等是指阶级的消灭、剥削的消灭。就社会主义制度同资本主义制度的对比而言，这无疑是社会主义制度优越性的一个重要标志，因为社会主义制度下，已经消灭了人剥削人的现象。但社会主义社会中的平等问题，并不能仅仅用社会主义同资本主义的对比来加以阐明。实际情况要比这复杂得多。

我们不妨先提出一个问题：在我国社会主义现阶段，准许个体经济存在与取消一切个体经济相比，哪一种情况更"平等"些？农业中实行各种联产责任制，同不准许联产责任制的存在相比，哪一种情况更"平等"些？还有，容许一部分农民通过劳动先富裕起来，这是不是违背了"平等"原则？使复杂劳动的收入适当地多于简单劳动的收入，这是不是不符合"平等"原则？如此等等。这样，我们就涉及经济行为的道德判断和实践检验的关系问题了。我相信，根据我们以前所阐释的，你一定会得出这样的看法：脱离具体历史条件和社会生产力发展水平来讨论"平等"的含义是没有意义的，不考察一项具体经济政策的实际的效果，而只是从抽象的善恶标准出发来对它进行评论，也是说明不了任何问题的。

共产主义分为低级阶段和高级阶段。目前我们处在共产主义的低级阶段，即社会主义阶段，距离共产主义的高级阶段，即共产主义阶段还有相当遥远的路程。因此，当前我们的政治和经济政策只能从现实出发，从现在达到的生产力发展水平出发。我们的规范经济研究所提出的道德判断准则，是以对劳动者利益的关心程度和劳动者利益的实现情况为依据的。实现共产主义社会是劳动者的共同愿望，符合劳动者的最大利益。对这一点，我们坚信不疑。但由于现在我们还处于社会主义社会中，我们所制定的政治和经济政策将以是否有利于实现从社会主义向共产主义的过渡，是否有助于实现劳动者的这一共同愿望，作为道德判断的准则。从实际情况出发，有利于实现劳动者的这一共同愿望的经济行为，是符合劳动者最大利益的，这就应该予以肯定。反之，在现实条件下不利于实现劳动者这一共同愿望的经济行为，不符合劳动者最大利益，那就应当予以否定。以上面提到过的那些情况来看，刮"共产风"，搞"穷过渡"，禁止个体经济的存在，反对农业中的联产责任制，限制农民多种经营，硬把复杂劳动的收入同简单劳动的收入拉平等等做法，尽管表面上也能以维护"平等"作为理由，但实际上却是破坏生产力，破坏资源，挫伤劳动者的生产积极性，使劳动者贫穷的做法，是与实现从社会主义向共产主义过渡的做法背道而驰的。回顾我国 1958 年和十年动乱中的情况，不正是这样么？这个历史的教训应当永远记取。

要知道，我们在谈到经济行为的道德判断时，应该把某种经济行为放在一定历史条件下进行评价。我们在现阶段所实行的经济政策，通过实践的检验，只要它是有利于实现从社会主义向共产主义社会的历程的措施，它也就是符合以劳动者最大利益为尺度的道德判断准则的措施。

从这个角度来看，平均主义恰恰是违背劳动者最大利益的。平均主义是一种小资产阶级思潮，它同无产阶级的平等概念是不相容的。我们在认识社会主义社会中的平等问题时，切不可把平均主义理解为平等，把平均主义当成是判断经济行为的是非的道德准则。具体地说，我们认为社会主义制度是优越的，但社会主义的分配原则是各尽所能，按劳分配。我们决不应该把平均主义的做法误认为社会主义制度的优越性的表现。为了使社会主义制度的优越性充分发挥出来，必须克服平均主义的分配方式，取消吃"大锅饭"的做法。党的十一届三中全会以来，我们在分配方面坚定不移地贯彻的方针，就是克服平均主义，实行按劳分配，真正做到对国家有利，对企业事业单位有利，对农民和职工个人有利，这才真正符合"劳动者的最大利益"。

在这里，我们不妨用一个现实生活中的具体例子来加以说明。近几年来，我国农村中的联产责任制有很大发展，其中，家庭联产承包责任制（又称大包干）已经成为主要形式。由于这种责任制是在土地等主要生产资料社会主义公有制基础上实行的，在分配方面更有利于贯彻按劳分配原则，所以它是社会主义合作经济的一种新形式。在实行联产承包责任制后，农民的收入普遍增加，其中有一些专业户的收入增长幅度更大，他们比一般农民富得早，富得快。怎样看待他们的"冒尖"呢？这就需要以"劳动者的最大利益"作为尺度来衡量了。要知道，在现阶段，劳动者在富裕程度和富裕速度上存在差别是必然的，因为这正是贯彻按劳分配原则和消灭吃"大锅饭"现象的结果。承认差别，容许这种差别的存在，会进一步激发广大农民的生产积极性，使社会财富大大丰富起来，使农村经济欣欣向荣、蒸蒸日上，使国民经济在农民普遍提高收入的基础上，有更快的发展。这不正是有利于社会主义社会目标的实现么？

（二）怎样理解"效率"？

在规范经济研究中，"效率"一词的含义要比人们通常所理解的广泛些。它既是指单位时间内一定劳动投入的成果，而又不仅限于此。它还意味着一切资源都得到有效的利用，包括人尽其才，地尽其力，物尽其用。假定在某一单位时间内，能用比过去投入的较少的劳动而产生同样多的成果，或者，能用同过去投入的一样多的劳动而产生更多的成果，那就是效率的增长。假定总资源是既定的量，现在同过去相比，闲置不用的或浪费的人力、土地、物资少了，也是效率的增长。不管怎样理解效率，效率的大小和效率的增长与否，都与判断经济行为的道德准则有关。但在这里，我们同样需要从经济行为的道德判断和实践检验统一的角度来看待"有效率"与"无效率"、"高效率"或"低效率"的问题。

人类社会最初是低效率的，这无论从单位时间内劳动投入的成果来看，还是从资源的利用情况而言，都是如此。这种低效率同当时的生产力发展水平联系在一起。在那样的生产力条件下，只可能出现那样的效率，这本身没有什么"善""恶""是""非"可言。以后，人类社会的生产力逐渐发展。与社会各个发展阶段上的生产力性质相适应的，是不同的社会生产关系。一定的效率是一定的生产力与生产关系相互作用的结果。因此，我们不能像西方经济学家那样，直接对效率高低本身作出伦理方面的判断，也不能从效率增长幅度的大小本身直接得出某种经济行为是"善"还是"恶"的结论。重要的不是对效率本身的评价，而是对在一定的生产力条件下产生某种效率的生产关系的评价。这就是说，判断某一经济行为的是非善恶，不能脱离一定的历史条件，而应当把它放在一定的生产关系和一定的生产力相互作用的环境中，进行考察。

我们承认，就效率的前一种含义，即把效率理解为单位时间内一定劳动投入的成果而言，发达的资本主义国家是效率较高的。这种效率是怎样形成的呢？这些国家的科学技术比较先进，它们的生产力处于较高的水平，这是产生效率较高的重要条件，但它们是长时期以来资本主义社会的物质力量积累的产物，而不是短时间内产生的。另一方面，从生产关系来看，资本主义社会中的效率，始终以雇佣劳动制度的存在，以资本主义生产过程中的饥饿纪律的存在为前提，它同时又是资本主义竞争规律自发地起作用的一个后果。在效率的背后，存在着资产阶级对工人的加紧压榨和剥削，存在着大资本对小资本的排挤和吞并。我们在分析资本主义社会中的效率时，不能不注意到这一点。

就效率的后一种含义，即把效率理解为一切资源的有效利用而言，尽管每个资本主义企业力求减少资源的闲置和浪费，尽量提高资源利用率，但从全社会的角度看，一方面，资本主义社会中的效率在很大程度上受到经济周期波动的影响，因为在经济危机期间，人力和物力的闲置情况是严重的，在经济繁荣期间，情况则要好得多；另一方面，资本主义社会中的效率损失，还反映于社会对已经生产出来的物品的浪费上，也就是社会不能合理地利用所生产出来的物品。在垄断资本主义阶段，社会对人力和物力的浪费是越来越大的，这一点充分反映了垄断资本主义的腐朽性。

再说，无论是效率的前一种含义，还是它的后一种含义，它的变动幅度都不可避免地受到一定的生产关系和生产力之间的适应程度的制约。同生产力性质相适应的生产关系，促进效率的提高，同生产力性质不适应的生产关系，阻碍效率的提高。如果离开一定的生产力和一定的生产关系来看待效率的高低，是不可能对导致效率变动的经济行为从伦理学方面进行评价的。

正是从这样一种立场出发，所以当我们说社会主义制度比资本主义制度优越时，不是单纯看目前已经达到的效率水平的高低，而是着眼于生产关系和生产力性质之间的适应程度。由于历史原因而造成的我国较低的生产力水平，就前一种含义的效率来说，它使我们目前还不可能达到发达资本主义国家目前已经达到的水平，但社会主义生产关系是适合生产力性质的，这使得我们不仅可以达到而且将来一定可以超过资本主义国家的生产力水平，创造出人类社会前所未有的高效率。就后一种含义的效率来说，由于过去较长时间内，我国经济工作中"左"倾思想的错误和经济管理体制方面存在的各种问题，在我们这里，人力和物质资源闲置、浪费的情况也是相当严重的，而且不仅从全社会的角度看有浪费，甚至从一个企业单位来看，也有不少浪费。但由于我们能在社会主义公有制的基础上，对国民经济实行统一的计划和安排，对不适应生产力性质的生产关系进行调整和改革，对不适应经济基础的上层建筑进行调整和改革，这样，我们在解决资源的有效利用和避免浪费等问题上，就具有资本主义制度下所不能比拟的优越条件。只要我们端正了经济工作中的指导思想，并建立了有利于合理利用资源的经济管理体制，那么，无论就社会对资源的利用，还是企业对资源的利用而言，我们都能够使效率不断提高。

这就是说，尽管效率高低本身并不能够导致经济行为的是非善恶的结论，在把不同的生产力水平上和不同的生产关系中的"效率"进行对比时，不能简单地认为"高效率"必定是"善"，"低效率"必定是"恶"。但效率增长幅度大小作为一个指标，毕竟可以反映生产关系同生产力性质相适应的程度，因为在生产关系同生产力性质相适应时，效率的增长是快的，在生产关系同生产力性质不相适应时，效率的增长是慢的，甚至效率是下降的。如果采取规范经济研究方法，对事物进行评价的话，那么，所得出的结论将是：适应生产力性质的生产关系是"好的"，因为它有利于提高效率，不适应生产力性质的生产关系是"不好的"，因为它阻碍效率的提高。这正是在效率问题上所表现出来的道德判断和实践检验的统一性。

从效率问题出发，我们可以对端正我国经济工作中的指导思想和完善经济管理体制的意义有进一步的认识。那种对共产主义运动的长期性和艰巨性认识不足，把在我国实现共产主义看得过于容易，以及在经济建设中，不顾我国国情的盲目追求高速度的做法之所以应该被否定，因为这种做法的结果，必然使效率下降，使得我们从社会主义向共产主义的过渡反而变得更困难了。这种做法不符合劳动者最大利益这一原则。这就是当前在社会主义效率问题上所反映的道德判断和实践检验的统一性。

（三）怎样理解"平等"与
"效率"之间的关系？

前面提到，在西方经济学家的规范研究中，"平等"或"效率"

是被用作经济行为的道德判断的标准的。对于"平等"和"效率"，我们已经作了分析，认为不能用抽象的"平等"和"效率"概念作为经济行为的伦理标准，而应当把道德判断同实践检验结合在一起，以说明一定历史条件下的经济行为的是与非。此外，西方经济学家在他们的规范研究中，还提出了"平等"与"效率"相交替的论点，他们根据这一论点，认为需要用"平等"与"效率"的兼顾作为对经济行为评价的依据。这种论点在 20 世纪 70 年代内是比较流行的。

所谓"平等与效率的交替"，具体地说是这样的：在一个社会中，如果有的社会成员提供的效率比较高，有的社会成员提供的效率比较低，那么效率高的人的收入必定较多，效率低的人的收入必定较低。如果社会要消除社会成员间的"不平等"，把不同收入的社会成员的收入差距缩小，那么整个社会的效率就会下降；反之，如果社会希望提高效率，那么社会应当容许不同效率的人有不同的收入，容许这种收入差距的存在。所以说，要"平等"，就得牺牲"效率"；要"效率"，就得牺牲"平等"，"平等"与"效率"二者此起彼落，此长彼消。现代西方经济学家认为这种交替现象是普遍存在的。

在现代西方经济学家看来，既然"平等"与"效率"不可能兼而有之，只能有所侧重，那么究竟首先是要"平等"呢，还是要"效率"？这里涉及西方经济学中两种不同的观点之争。一些人主张发挥市场经济的作用，他们认为"效率"最重要；另一些人强调发挥政府对收入分配的调节作用，他们认为"平等"最重要。双方各执一词，不可能取得统一的看法。因此，近年来有些西方经济学家，采取了调和的方式，提出了"平等"与"效率"兼顾的观点，这就是说，要尽可能使"平等"与"效率"二者同时受到重视，如果实在不可能同时并重的话，那也应当设法以最小的"不平等"来换取最大的"效率"，或者以最小的"效率"损失换取最大的"平等"。

这样，对经济行为的评价就是，能够兼顾"平等"与"效率"二者的，或者能以一方的较小损失来换取另一方的较大增加的，被认为是"好的"，否则就是"不好的"。

那么，我们应当怎样看待西方经济学中这种"平等与效率交替"和"平等与效率兼顾"的论点呢？看来，这个问题仍然要以经济行为的道德判断和实践检验相统一的观点来进行分析。关于资本主义社会中的"平等"和"效率"的实际含义，前面已经做了解释，现在让我们来看看资本主义社会中是否存在着实际意义上的"平等"与"效率"之间的交替或兼顾。由于资本主义制度下存在着实质上的不平等和形式上的平等，并且由于这种实质上的不平等和形式上的平等，都建立在资本主义生产资料所有制和资本主义雇佣劳动制的基础上，所以只要不变更这种所有制，不消灭这种雇佣劳动制，实质上的平等是不可能产生的。高效率也好，低效率也好，都改变不了资本主义社会中实质上不平等和形式上平等的状况。同时，由于资本主义社会中的效率也以资本主义生产资料所有制和资本主义雇佣劳动制的存在作为前提，这种效率要受到剩余价值规律、资本主义生产无政府状态和竞争规律的制约，所以资本主义社会中的效率同资本主义社会中实质上的不平等始终是联系在一起的，它们二者之间不存在所谓的"交替"关系。不仅如此，既然资本主义社会中不可能存在实质上的平等，因此，也就谈不到有什么"平等"与"效率"的兼顾。

如果按照某些西方经济学家的解释，把"平等"理解为收入的平均，把"平等"与"效率"的交替理解为收入的平均与"效率"之间的矛盾，那么，在资本主义社会中，这种矛盾的确是存在的，而且是难以解决的。这是因为，"平等"与"效率"之间的矛盾，实际上是资本主义分配和生产之间的矛盾的表现。至于说资本主义社会中，用扩大收入差别，作为刺激工作积极性的手段，那就没有什么特别值得探讨之处了。要知道，资本主义社会本来就是金钱拜物教的社会、一个以金钱作为衡量一切尺度的社会、一个公然鼓吹"一切向钱看"的社会。

现在，让我们转入对社会主义社会中"平等"与"效率"之间的关系的讨论。

首先我们应该看到，按照"平等"这个概念的本来的意义去理解，社会主义社会中的"平等"不仅不是"效率"提高的障碍，而且恰恰促进了"效率"的提高。这是因为社会主义社会的本质在于生产资料公有，消灭剥削，实行各尽所能、按劳分配。这反映了社会主义社会中人与人之间的"平等"关系。生产资料公有，消灭剥削，实行各尽所能，按劳分配的结果，调动了劳动者的积极性，解放了生产力，使效率有可能迅速地提高。从这个意义上说，社会主义社会中的这种"平等"关系，是"效率"增长的重要保证，或者说，社会主义社会中的这种"平等"，是"效率"的源泉。由于这种"平等"关系不可能存在于资本主义社会中，所以"平等"与"效率"之间的这种关系，是社会主义社会所特有的。

当然，在讨论社会主义社会中的"平等"概念时，我们也必须注意到这是从社会主义社会的实际情况出发的。按劳分配作为社会主义的分配原则，有它存在的历史必然性，但按劳分配毕竟不是共产主义的分配原则，它仍然带有旧社会的痕迹，即各个劳动者的劳动能力不可能都一样，各人的家庭负担也不同，所以实际生活水平也有差别。与共产主义的按需分配的原则相比，它具有历史的局限性。然而，正是由于我们现在处于社会主义阶段，我们不可能用按需分配来代替按劳分配，而必须坚持按劳分配原则，使它充分发挥作用，并创造向共产主义社会过渡的物质条件和思想条件。从这个意义上说，社会主义社会中的"平等"与"效率"之间是协调的，按劳分配原则的贯彻和社会主义经济增长之间是协调的。

在社会主义制度下，在为实现劳动者最大利益而进行的生产过程中，社会主义公有制逐渐巩固、发展，按劳分配制度将不断得到完善，劳动生产率将不断增长，资源也将越来越得到合理的、有效的利用。这一切说明，在社会主义经济建设中，在实现劳动者的最大利益的过程中，"平等"与"效率"二者是可以同时实现的。这正是社会主义制度优越性的体现。

但是，如果不是按"平等"这个概念的本来的意义来理解它，而是采取现代西方经济学家的"平等"概念，把"平等"理解为收入的平均化，那么毫无疑问，即使在社会主义社会中，收入的平均与效率的提高之间，也会像在资本主义社会中那样存在着矛盾。1958年以后，特别是十年动乱中，对按劳分配原则的破坏挫伤了群众的生产积极性，使各条战线的效率普遍降低，使社会主义经济受到严重损害。这个历史教训告诉我们，如果我们不按照"平等"的本来的意义来理解它，而是把它同平均主义划上等号，那是对社会主义本质的一种否定。

再以国营企业的经营管理为例，如果不管生产好坏，经营优劣，赔本与否，都无关紧要，全由国家"包"下来，这不仅妨碍效率的提高，而且它本身也并不体现"平等"。如果对国营企业实行经济责任制，责任到企业单位，责任到车间、班组，责任到个人，那么这种责任制把国家、企业、个人三者的利益统一起来了。合理的社会主义分配方式应当形成这样的分配格局：不仅在整个收入分配中，国家集中的资金要多一些，以便保证经济建设、国防和行政费用、文化教育支出以及改善人民生活的需要，而且在企业每年增收的利润分配中，国家所得到的部分也要多一些，以保证国家的收入的稳定增长。国家、企业或集体、个人三者利益的兼顾，既保证了国家能集中财力，又调动了企业和广大劳动者的积极性，提高了效率。这是我国人民在社会主义经济建设过程中创造的协调"平等"与"效率"之间的关系的新形式。国营企业实行经济责任制可以使社会主义制度的优越性充分发挥出来。

根据以上的分析，我们可以得出这样的结论：就"平等"概念的本来意义而言，所谓"要平等，就得牺牲效率，要效率，就得牺牲平等"这个命题是难以成立的，在资本主义社会中是如此，在社会主义社会中更是如此。所谓"平等和效率不可能兼顾"或"平等和效率有可能兼顾"的二者择一的讨论，对资本主义社会说来，是没有意义的，因为在资本主义雇佣劳动制度的基础上，根本不存在实质上的平等。这二者择一的讨论对于社会主义社会来说，则未免过于简单，因为它首先涉及社会主义经济建设中的指导思想是否正确，经济管理体制是否合理的问题。假定"左"倾思想占据支配地位，经济管理体制不合理，平均主义泛滥，按劳分配原则遭到破坏，那么即使存在着社会主义公有制，但效率肯定是低下的；假定端正了社会主义经济建设中的指导思想，经济管理体制通过改革而趋于合理，按劳分配制度得以认真贯彻，那才有可能在社会主义条件下使"平等"与"效率"二者同时实现。

（四）经济学学习、研究者的
社会责任感的检验

经济行为的道德判断和对它的实践检验是统一的，只从抽象的"平等"和"效率"概念出发，而不顾客观的社会条件和经济行为效果的分析方法，不是科学的分析方法。

　　只要明确了这一点，那么"此亦一是非，彼亦一是非"的说法
也就不会成为检验经济学学习、研究者的社会责任感的阻碍了。更
确切地说，一个经济学学习、研究者，究竟有没有社会责任感，不
是看他口头上倡导哪一种伦理原则，不是看他是否宣称要为"平
等""效率"或其他原则的实现而尽心尽力，也不是看他是否承认经
济学应当为"最大多数人的最大利益"或"劳动者的最大利益"服
务，而是应当从道德判断和实践检验相统一的角度来分析他的观点
和他所提出的主张。

　　在现代资产阶级经济学家中，不能说不存在公开宣扬种族歧视、
阶级压迫、男尊女卑等等的人，但那毕竟是少数。大多数资产阶级
经济学家都在不同程度上把"正义""福利""平等""效率""自由"
或"人的价值"作为自己应该加以维护的伦理原则。他们中有不少
人也自称有社会责任感。但如果我们从道德判断和实践检验相统一
的角度来分析一下他们所倡导的或维护的，我们不难发现，他们所
维护的并不是劳动者的利益，而是资产阶级的利益，因为按照他们
的理论和政策主张去做，结果必然是资本主义生产资料所有制和资
本主义雇佣劳动制度的延续，资产阶级对无产阶级的统治的继续存
在和加强。他们所倡导的"正义""福利""平等""效率""自由"
或"人的价值"，只不过是用以掩盖自己的经济学说和政策主张的实
质的一种伪装而已。

　　再看社会主义社会中的情况。对我们说来，记忆犹新的是十年动
乱中出现过的那些极左的论调，这些极左论调的鼓吹者不正是处处以
"最革命"的口号作为标榜的么？他们不正是声称他们的所作所为都
是为了"共产主义"，为了"劳动者的最大利益"么？对这些论调和
这些作为，必须用实践来加以检验。原来，林彪、"四人帮"所使用
的那些漂亮的词藻庇护着最黑暗的封建糟粕。这些践踏社会主义原则

的人，由于他们惯于用空泛的口号替自己身上涂上一层油彩，于是本来是封建的东西却变成了"社会主义的""共产主义的"。他们口头上讲的是为劳动者的最大利益着想，实际上宣传的是平均主义、禁欲主义。而他们自己的行为则既不是平均主义的，也不是禁欲主义的。在这种意识形态的统治下，还有什么社会主义社会目标可言呢？只要我们回顾一下当时的情形，难道不正是这样吗？

党的十一届三中全会以后，情况根本不同了。但我们应当注意到，在社会主义建设过程中，也有可能出现另外一种错误的做法，即以"劳动者的最大利益"为借口，少留积累，吃光用光，结果国家没有多少可用来进行经济建设的资金。这种做法对劳动者究竟有什么好处呢？我们知道，劳动人民的生活是需要改善的，但劳动人民生活改善的幅度一定要小于生产增长的幅度。吃光用光，国家没有希望，也就根本谈不到社会主义社会目标的实现。

由此可见，一个经济学学习、研究者，只有把经济行为的道德判断和实践检验统一起来，才能明确究竟什么样的经济行为是应当肯定的，什么样的经济行为则是应当否定的。这样，他才能真正确立争取实现"劳动者的最大利益"的社会责任感。否则，他很可能成为这种或那种错误论调的附和者，自以为已经尽到了社会责任，实际上却是自觉地或不自觉地宣扬种种违背"劳动者的最大利益"的错误论调。

第十封信
经济学的生命在于创新

×× 同志：

从你的来信中，我很高兴地了解到你对于经济学学习、研究者的社会责任感有了新的认识。使我更高兴的是，你表示有决心为尽到自己的社会责任而学习、研究经济理论和现实经济问题。正如你在信中所说：

一个经济学的学习、研究者，如果具有强烈的社会责任感，他对现实中的政治、经济、社会问题的感觉是敏锐的，因此他会不断地深入实际，联系实际，不断地用实践的标准来检验自己的作品、自己的论点，而不会把自己限制在经院式的"研究"中；

一个经济学的学习、研究者，如果具有强烈的社会责任感，他的学风将是端正的、踏实的，他不会哗众取宠，不会浅尝辄止，或故作惊人之笔，或随风摇摆。对于错误的论点或有错误内容的作品，他不会不闻不问；对于自己作品中的错误，他不会听之任之；他会勇敢地拿起批评和自我批评的武器，抵制错误的东西，清除它们的影响；

一个经济学的学习、研究者，如果具有强烈的社会责任感，他总是感到自己在学习、研究时有一种无形的巨大推动力，使他勇于探索，克服困难，不怕挫折，接受挑战；

一个经济学的学习、研究者，如果具有强烈的社会责任感，他将意识到自己责任的重大和个人能力的有限，他会感到自己的知识和解决实际问题的本领是很不足的，他会谦虚谨慎，孜孜不倦地学习，虚心向别人求教，永不自满；

一个经济学的学习、研究者，如果具有强烈的社会责任感，他就不会把知识当作个人谋取私利的手段，而会认为这样做是可耻的，他会时时刻刻用经济学学习、研究者所应当具有的社会责任感来告诫自己，鞭策自己，激励自己。

……

我完全同意你所说的这些。我只想在这里补充这样一点：

一个经济学的学习、研究者，如果具有强烈的社会责任感，他将会懂得，实现从社会主义向共产主义过渡和建设共产主义的事业是一个长期和艰巨而伟大事业，它不仅需要有许许多多有志于为实现"劳动者的最大利益"而努力的经济学学习、研究者共同努力，而且需要经济学学习、研究者集体在经济学的探讨中有所创新。经济学的生命就在于创新。一个有强烈的社会责任感的经济学学习、研究者，必定是一个在经济学的创新中不畏险阻，敢于攀登的人。

我相信你是会赞同我的这种看法的。在这里，我想就经济学的创新问题，再多谈一些。

（一）把马克思主义的普遍真理同我国的具体实际结合起来

我们所要讨论的经济学的创新，是指把马克思主义的普遍真理同我国的具体实际结合起来。那种认为可以离开马克思主义普遍真理去探寻什么"新"的经济学说的想法，那种认为当代资产阶级经济学说可以作为我们的经济建设的指导思想的想法，显然是错误的。

前面几封信里曾经一再提到，当代资产阶级经济学是为资本主义制度服务的经济学说，无论其中哪一个学派的理论，作为整体，作为一种经济理论体系，都是不科学的。如果我们想离开马克思主义政治经济学理论去探寻什么"新"经济学的话，那么不管这样做的时候自己是否意识到，结果必定是：或者随从了资产阶级经济学的这个流派，或者附和了资产阶级经济学的那个流派。

这并不是说我们可以不必懂得资产阶级经济学说，或者可以不必向国外的经济学界借鉴有用的研究成果。经济学研究中，不能一概否定外国的经验，需要注意它们，从中借鉴有利于我国社会主义建设的内容。但最根本的一点是，马克思主义是我们社会主义革命和社会主义建设的指南。把马克思主义的普遍真理同我国的具体实际结合起来，走自己的道路，建设有中国特色的社会主义，这就是我们在革命和建设方面总结长期历史经验得出的基本结论。同样的道理，根据马克思主义理论，立足于中国社会现实，从我国国情出发，建设我们自己的社会主义经济理论体系，这就是我们的经济学创新的途径。

所谓马克思主义过时的论调，是完全错误的。马克思主义没有过时，它也不会过时，因为它是科学的理论，它是不断结合新的实际而发展的理论。马克思主义要求我们不断地研究新问题。以经院式的态度来对待经典作家的语录，这不是维护马克思主义，而是对马克思主义的曲解。我们对经济问题的研究，不应该简单地从马克思主义经典作家说过的话中加以抄引，而应该从社会现实生活，从经济发展的实际过程出发，进行分析和研究，把马克思主义原理同实际相结合。同时，马克思主义是需要发展的，仅仅依靠前人的成果是远远不够的，要根据新的情况丰富它，发展它。社会主义经济究竟怎么搞？什么是具有中国特色的社会主义？中国社会主义经济建设应该走一条什么样的路？任何一本经典著作中都没有现成的答案。现实生活中也没有一种现成的模式可以套用。照抄照搬其他国家的经验和模式，是从来不会成功的。这就需要我们自己努力去研究，去探索，去创新。

前几封信在讨论社会的评价标准和社会主义社会目标的实现问题时已经谈过，我们不仅需要把实现"劳动者的最大利益"、关心和培养劳动者作为经济工作中的正确的指导思想，而且需要有一个能使"劳动者最大利益"的实现、对劳动者的关心和培养成为现实的经济管理体制。因此，究竟怎样建设具有中国特色的社会主义？我们至少可以提出这样一种看法：没有改革，就不可能建设具有中国特色的社会主义；我国社会主义建设的全过程，将是一个贯彻了改革精神的建设过程；坚持四项基本原则是进行一切改革的前提；解放思想，理论联系实际，立足于中国现实，是取得改革的伟大胜利的保证。应该承认，新中国成立 30 多年来，我们有许多经验，但也有许多不成功的教训。经济学要发挥"社会启蒙"作用和"社会设计"作用，就必须结合我国国情，在新问题的研究中闯出一条新路。世界上没有一个国家像我国这样有十亿人口，其中八亿是农民；世界上没有一个国家是在八亿农民的条件下进行现代化建设的，所以我们必须根据自己的经验，结合我国的国情，把马克思主义经济理论提高到新的阶段、新的水平。

（二）从我国国情出发，探讨新问题

社会经济发展是多科性的综合研究课题，不仅学习、研究经济学的人应该参加讨论，其他学科，包括自然科学各专业的工作者也应该参加讨论。比如说，从世界范围看，现在西方一些经济学家认为，发达的资本主义国家正从工业社会转入信息社会或知识社会的阶段。我们在这里姑且不谈信息社会或知识社会这些概念是否严谨、科学，但从他们的论述中，我们可以清楚地感觉到，在今后这些年内，科学技术的发展将会引起西方国家社会生产力的巨大变化，而这些变化又会给社会经济带来巨大的变化。这个动向是值得我们重视的。世界范围内所发生的科学技术的进步既给我们一种机会，又是对我们的一场挑战。我们能不能在某些领域内超越传统的发展阶段，采用新的科学技术成果，直接进入以微电子技术、遗传工程、光导纤维等为标志的新时代呢？我们能不能利用这个机会缩小我们同发达的资本主义国家在生产力发展方面的差距呢？如果我们又错过了这个机会，我们同世界先进技术水平之间的差距难道不会进一步扩大吗？显然，在这个重大的带有战略意义的问题上，是需要集中各方面的智慧和力量来共同研究的。经济学研究者同其他各个学科的研究者一起，应当群策群力，迎接挑战，为加速我国社会主义现代化的进程而贡献自己的力量。

就以经济学研究领域本身来说，我们也正在遇到各种各样的新的理论问题、政策问题、研究方法问题，这些都有赖于我们集体的努力来逐步解决。如果我们把马克思主义经典著作中的某些语录当作教条来到处套用，那么可以说，我们所遇到的许多问题都难以找到答案。

例如，服务业的问题是一个新问题。在马克思的著作中，对服务业问题有过一些精辟的论述，但在当时的经济发展水平上，这个问题是不受社会重视的，因为社会上并不存在庞大的服务部门。然而现在的情况不同了，服务业的发展是经济发展的必然趋势。生产性服务、消费性服务、公共服务、个人服务、自我服务等等都需要发展。广义的服务业是今后就业的主要去向。不能简单地认为当前资本主义社会中服务部门的扩大就是资本主义寄生性或腐朽性的表现。由于生产发展了，技术进步了，生产机械化和自动化了，社会必然需要服务业有相应的发展，因此有关服务业的理论问题和统计方法问题，都值得我们仔细研究。我们应该根据马克思主义原理，从实际出发来对待这些新问题。此外，在我国经济、社会发展过程中，生产部门要发展，服务部门更要发展，而服务部门的范围是如此广泛，它同居民生活之间的关系是如此密切，公共服务和个人服务的许多项目的开展还涉及一系列经济政策问题，我们能使服务问题的研究停留在现有的水平上吗？当然，在这些问题的研究中，脱离马克思主义的指导是不对的，那会走到歧路上去。但不重视发展服务部门和不重视对服务部门的研究，不也是背离马克思主义关于理论联系实际的教导吗？

再如，汇率问题，包括人民币的汇率问题，也是有待研究的问题。马克思的货币理论是我们分析资本主义世界货币关系的理论武器，但在马克思的有关著作中不可能具体涉及不同情况下的汇率的制定问题，更不可能涉及社会主义国家的货币的汇率问题。在当前国际货币条件下，究竟什么样的汇率制度对我们是最有利的，我们必须探讨这个新问题。马克思的价值理论和货币理论是我们研究时的理论指导，但有关汇率的许多现实问题需要我们认真加以研究。假如不研究这个问题，我们不仅在国际贸易中会吃亏，而且也妨碍我们更好地利用国际经济条件来为我国的社会主义现代化事业服务。至于当前资本主义国家使用的有各种汇率，如固定汇率、浮动汇率，包括有限浮动、自由浮动汇率，也需要我们进行比较研究。与此有联系的其他问题，如什么是我国黄金外汇储备的适宜的数额，如何有效地利用超过这一数额的黄金和外汇，难道国际贸易逆差在任何情况下都是不利于我国社会主义经济建设的吗，等等，等等。这些都是新问题，前人并没有为我们提供现成的答案，我们必须进行开创性的探讨。

又如，农村经济和社会发展问题是一个现实的问题。我国的十亿人口中，八亿是农民，如果我们不考虑八亿农民的利益和要求，我们的经济建设就不会成功。今天，农村中还有许多新问题等待我们用马克思主义观点进行研究。例如，中国农业现代化的标志问题，农村人口就业问题，农村市场问题，农村工业问题，农村教育问题，农村住宅问题，农村社会问题，农村文化生活问题等等，这都是些新问题，都需要我们用马克思主义观点来分析和探讨。把我国八亿农民的问题解决好，将是对马克思主义发展的一大贡献。

还有，在经济和社会发展的研究中，技术经济政策的制定也必须结合我国国情。例如，现在人们已经越来越清楚地认识到，要使我国的工业生产有较大的发展，必须发展新产品，以"新"取胜，以"优"取胜，以"精"取胜。但为什么有相当一部分工业企业对于新产品的生产并不那么积极呢？甚至它们宁肯复制过时的老产品，而不愿转而研制新产品呢？这就值得我们注意了。比如说，新产品的价格的制定以什么为依据，它们能否使生产新产品的单位得到实际的利益；新产品的元件和原材料的供应渠道是不是通畅，它们的供应能不能得到保证；新产品研究和制造过程中所需要的技术力量是不是已经组织起来了，等等。这些都有待于制定适当的技术经济政策来解决。再以技术引进来说，不引进先进技术是不对的，盲目引进也是不对的。今后怎样引进技术，引进什么样的技术，特别要注意统筹考虑，注意国外技术的先进性及其对我国的适应性。只有引进那些真正具有世界先进水平的技术（包括成套设备、单项技术和软件），才能使我国缩小同发达资本主义国家之间的技术差距，只有引进那些适应我国情况的技术，才能被我们消化和利用，否则就会造成严重的浪费。这个问题需要认真研究。要知道，引进技术不单是个技术问题，它还涉及经济问题、外汇问题、技术人员问题、各种技术的配合问题、企业管理形式问题等等，总之，必须从我国国情出发，从近期、中期、长期的效益来考虑究竟应当引进哪些能够给我们带来良好经济效果的技术。

　　下面，我想着重谈一谈社会主义制度下的消费问题。首先遇到的就是消费和积累之间的比例关系的确定。从世界各国工业化、现代化的历史来看，要保持一定的经济增长速度，同时又要保证人民生活能够相应地提高，积累在国民收入的比重过高固然不利，但无论如何，应当使积累在国民收入中保持一定的比重。消费基金一旦失去控制，无论从短期来看还是从长期来看，对国家和人民都是不利的。我们研究社会主义现代化过程中的新问题，就需要根据马克思主义经济理论，结合我国具体情况，并参考世界各国的经验和教训，研究我国积累率的合理比值，使之既不过高，又不偏低。

　　就具体的消费问题而言，这方面需要研究的课题也是很多的。比如说，根据我国的情况，哪些耐用消费品可以发展？哪些不宜于发展？或者什么地区可以发展？什么地区不可以发展？这都是需要研究的。至于什么样的消费品不必进口，什么样的消费品可以进口，进口多少，也应当用战略的眼光来考虑。在我国，对外贸易由国家统管，但对外贸易国家统管与制定适合我国国情的对外贸易政策是两个有联系又有区别的问题。不要认为对外贸易国家统管就万事大吉了。在对外贸易国家统管条件下，仍然存在保护本国工业，包括保护本国消费品工业的问题。不研究这个问题，将带来严重的后果。比如说，进口少量耐用消费品作样品或满足国内市场的部分需求，是可以的，但如果大量进口电视机、手表、录音机、计算器等等耐用消费品，把我国刚刚建立起来的工业挤垮了，损失就会十分严重。

什么情况下需要实行保护贸易，保护到何种程度，什么情况下不需要保护，怎样才能做到既保护本国消费品工业而又不至于"保护落后"，这都涉及消费品贸易的战略问题，需要统筹考虑。怎样使本国消费品工业循着技术不断创新的道路发展，那就更值得研究了。

在消费方面，还存在着消费方式的国际示范作用问题。一种消费方式经常有超过国界的影响，使外国居民受到这种影响。它是通过电影、小说、旅游、通讯、电视等扩散影响的。国际上流行的某种消费品或消费方式，如一种时装，一种穿着打扮等，潜移默化，就移入了。这就叫消费方式的国际示范。一个国家向别国学习生产技术是很费劲的，但学习消费方式很容易。资本主义国家的消费方式中有许多不健康的东西，我们不但不能学习这些，而且要抵制它们，清除它们可能给我们带来的或已经造成的不利影响。

那么，我们应采取什么样的消费政策呢？应该是指导性的消费政策。如何理解有指导的消费？它的内容有这样几点：第一，需要告诉人民，我们国家大，人口多，底子薄，在资金方面应当保持必要的集中，才能集聚起为经济建设所需要的财力、物力，消费的增长应当同国力相适应，同生产的增长相适应。如果消费基金失控，不仅经济发展受到限制，而且会使市场供应发生问题，物价也无法稳定。所以通过指导性的消费政策，首先应该使广大群众懂得这个道理。第二，对各种消费方式、生活方式进行评价，指出什么样的消费是健康的，什么样的消费是不健康的。除了在必要时应采用行政干预手段而外，一般应采用教育、宣传的方式。比如对于广告，就应当加以指导，广告应当登什么，画面如何，这里体现了社会主义社会对消费方式的评价。第三，对消费者的行为进行指导，这里也包括对消费者的储蓄行为进行指导，因为储蓄是未来的消费，就是说，为了经济发展，增加积累，同时又要保证人民的消费，应当指导消费者如何对目前的消费和未来的消费作合理的安排，使消费者正确理解今天消费和未来消费的关系，理解个人的储蓄与国家经济发展的关系。第四，推广消费知识，传播市场信息。消费需要有知识，不需要知识的消费的时代已经过去，每一种消费都需要有一定的消费知识。以上四点就是指导性消费政策的主要内容。总之，我们的消费应该是有指导的消费，这样才能使我们的消费纳入一个健康的轨道。

当然，究竟什么是社会主义的消费方式，我们还需进一步探索。研究消费问题在社会主义经济学中还是一个新的课题。但消费经济领域内存在着许多与规范研究有关的问题，需要我们从伦理学方面来加以探讨，这也是毫无疑义的。

（三）通过比较研究，提高经济科学水平

马克思主义历来重视比较研究方法。马克思的《资本论》是以英国作为典型来进行研究的，但马克思认为，问题不在于资本主义生产发展规律所引起的社会对抗的发展程度的高低，问题在于这些规律本身，在于这些规律的作用所显示的历史趋势。马克思在分析资本原始积累、商人资本的历史、生息资本的作用、地租的演变、工资的国民差异以及大工业所造成的后果等问题时，都采用了比较研究方法，以说明资本主义经济运动的规律。恩格斯对家庭、私有制和国家起源的分析，对于近代民族国家形成过程的分析，以及对于资本主义各国工人运动开展的不平衡性的分析等等，也是建立在广泛的比较研究的基础之上的。列宁采用比较研究方法，研究了农业中资本主义发展的不同道路，分析了各个帝国主义国家的经济上的特点，以及阐述了资本主义政治经济发展不平衡规律在帝国主义

阶段的表现等等。可见，以马克思主义作为理论指导的、科学的比较研究方法，是马克思主义经典作家用来分析社会经济现象的一种重要的方法。当前，对我们说来，重要的是坚持以马克思主义为指导，学习马克思主义经典作家关于比较研究的论述，结合新的情况，提高经济科学的水平。我们需要根据马克思主义理论，对不同的经济制度和不同的经济发展道路等等进行比较研究，总结出一些规律性的东西，这不仅将在实践上有利于社会主义的经济建设，而且必将在理论上进一步丰富马克思主义，发展马克思主义。说得更明确些，比较是为了"择优"，为了"从善"，为了"创新"。

我们知道，世界上各个发达国家在历史上都曾经处在不发达阶段，它们都经历过从不发达阶段到发达阶段的过渡。现在世界上各个发展中国家正逐步由不发达状态过渡到发达状态，它们或迟或早将会摆脱不发达状态。由于各个国家本身的情况不一样，所处的客观条件不一样，所以可能存在着不同的经济发展的具体形式或经济发展模式。不能认为世界上只有一种现成的经济发展模式，更不能认为某一种经济发展模式对所有各国都是适用的。我们之所以要对经济发展进行国际比较，主要是为了总结各国经济发展的经验和教训，然后根据本国的情况来确定最适合自己的经济发展的具体形式。

下面，让我举开放经济条件下的不同的发展模式为例。

封闭和开放是相对而言的。在世界经济发展的现阶段，很难说世界上某个国家处在极端的开放状态或极端的封闭状态。绝大多数国家，都处在这两个极端之间，它们的经济多多少少具有开放性。

开放经济有两种基本形式，即基本外向型经济和基本内向型经济。这是两种不同的经济发展模式。属于基本外向型的国家或地区，主要是面向世界市场生产的。在这种基本外向型开放经济中，一个国家或地区可以更好地利用本国或本地区的经济优势，建立以国外市场为主的产业部门。即使本国或本地区缺少原料或劳动力，也没有什么关系，可以进口，然后利用本国条件进行加工，但产品主要是销往国外的。第二种开放经济条件下的发展模式是基本内向型经济。它主要面向国内市场。为了适应国内市场的需要，它建立以内销为主的产业部门。为了保护国内市场，需要防止同类产品的来自国外的竞争，也就是说，需要采取保护关税、进口限制等政策。

　　这两种经济发展模式各有适用范围。为什么这个国家要采取这种形式，那个国家要采取那种形式呢？有两个基本因素在起作用。第一个因素是国内市场容量的大小，而国内市场容量的大小又与本国产业部门和企业的规模有关。假定采取基本内向型经济，那么在国内市场容量为既定的情况下，如果一国的企业要取得经济效益，这就要根据国内市场的容量来确定企业的规模。企业只有达到一定的规模，才能使生产成本保持低水平。如果企业达不到一定的规模，生产成本就高。所以要使产品有竞争能力，各个产业部门和企业的适度规模是非常重要的。另外一个因素是资源的自给程度。各国的资源状况不一样，资源自给程度也不一样。这在某种程度上与国家的大小有关。一般说来，一个国家越小就越有可能在资源方面依赖世界市场，只有这样，它才能加速自己的经济发展。所以什么样的国家适合于采取基本内向型的发展模式，什么样国家适合于采取基本外向型的发展模式，必须基本上根据各国国内市场的容量和国内资源的自给程度来确定。

　　基本外向型和基本内向型是两种不同形式的开放经济，各有优缺点。基本外向型开放经济的优点包括：第一，在国际市场竞争中，它能充分利用国外的先进技术，缩小本国与外国在技术上的差距。由于它是面向世界市场生产的，它的产品必须在国际市场上同其他国家的同类产品展开竞争，所以它必须随时赶上世界的先进技术水平，这样才能使自己的出口产品有较强的竞争能力。第二，通过这

种开放经济形式，较易于发挥本国的经济优势。如果本国的劳动力
资源丰富，或某种原料资源丰富，该国可以充分利用本国比较低的
工资和比较丰富的原料这些优势来安排生产，将产品销往国外。这
就是说，这种开放经济形式能使一国充分利用本国的优势来参加国
际分工。第三，相对于基本内向型的开放经济而言，采取基本外向
型开放经济形式的国家，在对外贸易中是比较重视经济效益的。简
单地说，它进行对外贸易的目的就是要赚钱，不然，它的经济发展
就无法持续下去。基本外向型开放经济的缺点是：第一，它使一国
的经济不可避免地要依赖其他国家国内的经济情况。这是因为：它
是以出口为主的，以面向世界市场生产为主的，所以当其他国家经
济发生萧条或衰退时，它的出口额就会发生较大的波动，出口品的
生产部门就会减产、萎缩，失业率将会上升。第二，它使一国经济
易于受到世界市场范围内价格波动的影响，特别是在世界性通货膨
胀时，国际市场的价格上涨会迅速"传递"到国内，国内也会跟着
发生通货膨胀。第三，它使一国的出口易于受到其他国家经济政策
的影响。比如说，当其他国家采取限制性措施时（如提高关税，采
取进口限制，实行出口津贴等），这就会影响该国的出口品的销路，
从而也就会影响该国的国内经济。

　　基本内向型开放经济也有其优点。它的一个主要的优点是：相对
而言，能使国内经济比较稳定，不易受到国际的政治和经济因素的
干扰。它的以国内市场为主的产业部门，只要产品能在国内市场上销
售，并且只要不发生大的动荡，这些部门就能稳定地发展。但基本内
向型的开放经济至少有两个重要的缺点：第一，它在技术上与外国先
进的技术水平相比，往往是落后的，因为它要保护本国的市场，保护
本国的产业部门，从而对国外的先进技术也就不那么积极学习了。外
国的同类产品再先进，由于进口受限制，也不易于在该国国内市场上

打开销路。所以说，这种做法实际上是保护落后，久而久之，它同国际先进技术水平的差距将越来越大。第二，由于基本内向型的开放经济的对外贸易方针是为了换取外汇，以便用外汇购买本国所需要的进口品，这样，它往往不注意对外贸易的经济效益，亏本的外贸生意对它来说是无所谓的，反正只要能换取到外汇就行。

　　那么，我国在经济发展过程中，究竟应当选择什么样的开放经济形式？这是一个新问题，是需要我们进行比较研究，才能弄清楚的问题。我们知道，世界各国，无论从纵的方面看还是从横的方面看，可以发现一个带规律性的现象，即近一百年来，每个国家出口贸易额在它的国民生产总值中的比重基本上是一个常数。这是经过长时期的国际比较以后而得出的一个数据，所以大体上可以认为这是一个规律。这就是说，一个国家，它的出口究竟能在本国经济中占多大的比重，不是任意规定的，出口额基本上同该国的总产值保持一定的比率。我国是个大国，国内市场容量很大，并且，随着城乡居民平均每人实际收入的增长，国内市场容量必定越来越大，对这一点，我们必须予以充分的注意。但另一方面，我们也应当看到，在目前的条件下，由于长期历史遗留下来的问题，在我国经济中，某些重要的比例关系还不能适应，有些部门生产能力过剩，以至于开工不足；有些部门的生产能力远远赶不上需要，有些产品积压，有些产品不足，特别在动力、能源、交通运输、港口、仓库等基础结构方面，还不能适应经济发展的需要，必须设法扭转这种局面。根据这种情况，所以我国不能采取基本外向型开放经济的发展模式，因为如果那样做，原来就已感到供应不足的燃料和某些原料就会更加紧张。如果我们的产业部门主要面向世界市场进行生产，以国际市场为基本销售场所，参加到当前的国际分工中去，那么马上会产生一系列的问题。首先是国内的能源供应不上，交通运输也跟不上。

如果我们采取基本外向型开放经济的发展模式，我们的国内经济必定要受到国际市场的销售量和价格波动的很大影响，我们的国内经济也不容易维持基本的稳定。并且，从根本上说，像我们这样的一个大国，不能把自己的经济建立在以国际市场作为基本销售场所的基础上。一个小国也许可以这样做，大国是不可能这样做的。我们必须明确的是，国内市场是我们的产品的主要销售场所。我们有一个广阔的国内市场，我们的各类企业从规模经济的角度来看，都可以同国内市场的规模相适应，不存在达不到适度规模的标准的问题。

既然如此，这是不是意味着我们要返回封闭经济的老路上去呢？当然不是。封闭经济是错误的做法，它是一种倒退。那么我们是否一定要采取某些发展中国家曾经采取过的基本内向型开放经济发展模式呢？也不是。我们必须注意到前面已经指出的基本内向型开放经济的两个主要缺点。

基本内向型开放经济的第一个缺点是保护落后，对这一点，我们一定要有足够的重视。当一个国家在技术上不能跟上时代前进的步伐时，不能同其他国家的同类产品在质量、性能方面进行竞争时，那么它的技术会越来越落后。所以，在我们实行基本内向型开放经济发展模式的同时，必须设法避免由此产生的保护落后这一缺点。如何避免呢？需要从以下两个方面着手。

第一，实行"外贸保护，内部联合和竞争"。"外贸保护"，就是说，在开放经济条件下，我们需要在对外贸易中实行统一政策，统一计划，联合对外；对于国内的产业部门，需要实行保护政策，不应当让同类的外国工业品充斥于国内市场，挤垮本国的工业。保护，不是为了保护落后，而是为了发展本国的工业，特别是新建的工业。如果眼光短浅，多头对外，出口时相互削价，进口时彼此抬价，只顾小单位利益，只顾眼前利益，认为进口商品好销、有利，任其在国内市场行销，这样会挤垮本国的工业。从长期来说，对本国的工业发展、财政收入、吸收就业等会带来很大的消极影响，所以，"外贸保护"是十分必要的。但"外贸保护"必须与"内部联合和竞争"相结合。"内部联合和竞争"是指国内生产同类产品的工厂应该展开竞争，鼓励它们加紧技术改造，学习国外的先进技术，加强对外经济技术交流，降低生产成本，提高产品质量，使效率高的企业得到较快的发展。至于效率低的、亏本的企业，如果不能改变这种不利的状态，就应当关、停、并、转。联合和竞争将不断提高本国工业技术水平。因此，"外贸保护"与"内部联合和竞争"相结合，既可以避免与国际上的技术差距越来越大，又可以对本国工业实行有效的保护。

第二，发展知识密集型经济。目前，我国的出口品要能在国际市场上打开销路，主要依靠我国的人力资源较丰富，劳动密集型产品能使我国在国际市场上占据一定优势。但从长期看，我国的经济不能建立在劳动密集型经济之上。我们知道，所谓劳动密集型产品，就是说产品中工资成本占的比重很大。相对于发达的资本主义国家而言，这是我们目前的优势。但在国际贸易中，目前的情况是劳动密集型产品在交换比例方面处于不利地位，比如说，用大量的农副产品去换取一部机器，这是很吃亏的。因此，我国以劳动密集型产品出口为主的做法，将来一定要改变，应当转为出口知识密集型产品。这就是说，我们出口的产品是凝聚了熟练劳动的产品，是经过我们自己科学研究，技术创新，提高了劳动生产率以后所生产出来的产品。这就是知识密集型产品。所以说，即使我们采取基本内向型开放经济的发展模式，我们同样需要建立知识密集型经济，无论是以国内市场为基本销售场所的产品，还是外销的产品，都应当成为知识密集型的产品，使它们体现我国的科学技术发展的新成果。这样，我们既可以避免基本内向型开放经济条件下易于产生的技术落后的缺点，又可以使我们在国际竞争中立于不败之地，使我们的对外贸易日益得到发展。

怎样发展知识密集型经济呢？这就涉及教育问题。不重视教育是近视的表现。任何一个国家从长远来说，要使本国经济稳定地、持续地发展，必须重视人才的培养，重视科学研究。在实行基本内向型开放经济的发展模式时，应重视人才培养。通过人才的培养，在提高我国技术水平和经营管理水平的同时，还可以克服在这种情况下通常容易产生的另一个缺点——不注意经济效益。低经济效益、低积累率、低增长率、低收入水平，这四者是结合在一起的，这是我们从经济发展的国际比较中所总结出来的一条经验。最后，我们还有必要说明一点：当我们说我国经济应当采取基本内向型的开放经济发展模式时，我们是就全国范围来谈的，是就整个国民经济来说的。但这并不是说，我国的某些地区和部门不能采取基本外向型的，即以国际市场为基本销售场所的做法。在动力、运输等方面可以得到保证的前提下，这些地区和部门可以利用自己的熟练和非熟练劳动力、设备或原料，加工制造，产品外销，以换取较多的外汇收入。并且随着今后经济的发展，这种"外向"发展在整个对外贸易和整个国民经济中的比重也一定会逐渐增大，对这一点，我们不应当忽视。这样，既考虑到整个国民经济的实际情况，又考虑到地区和部门的实际情况，一个以基本内向型为主的、以基本外向型为辅的开放经济模式将是适用于我国的。

在这里，我只是举开放经济条件下的经济发展模式作为一个例子，说明比较研究方法是重要的。我们学习经济学，研究经济学，需要学会使用比较研究方法，这样才能对经济中出现的新问题，有比较深刻的理解。所以说，要实现经济学的创新，比较研究方法是不可缺少的。

第十一封信
经济学学习、研究者的
知识结构和"拓荒能力"

×× 同志:

我曾经对一些青年经济学爱好者说过:学习经济学的人,应该有"经济学家意识"。"经济学家意识"就是经济学学习、研究者的时代感、社会责任感和创新精神三者的结合。实际上,并不是每一个经济学学习、研究者都有这种意识,有些人,甚至从来不曾想过自己应该具有这种意识,我想,原因不仅在于他们不了解什么是经济学学习、研究者的时代感和社会责任感,或者不了解经济学的"社会启蒙"作用和"社会设计"作用,而且也在于他们不了解经济学的生命在于创新,更不认为自己应当成为经济学创新队伍中的一员。在这封信中,我准备先谈谈究竟谁是经济学的创新者?

(一)谁是经济学的创新者?

我的回答很简单。谁是创新者?是我们大家,是包括你、我在内的成千上万名学习经济学、研究经济学以及从事实际经济工作的普通人。我们大家都在为经济学的创新而努力。

可以肯定地说,经济学的创新并不只是个别人的任务,也不是个别人所能够完成的。个别人，不管他如何杰出，知识如何渊博，他也不可能在所有领域都有所突出。并且，即使在某一个领域内，他个人的能力也毕竟是有限的。经济学作为一门紧密联系实际的理论科学和应用科学，是通过一代又一代学习经济学、研究经济学的人的集体智慧累积而发展起来的。后一代在前一代已有的研究成果的基础上，加以改革，发展，推陈出新。后一代不超过前一代，经济学就停滞不前了，经济学的生命也就完结了。杰出的经济理论家在这方面可以做出巨大的贡献，他们个人的作用应当予以充分的肯定，他们个人在经济学发展史上的地位不应当被忽略，但他们离不开前人的研究工作，包括对前人研究成就的肯定，对前人的失败和错误的总结。他们也离不开同时代人在各方面对他的直接和间接的帮助。社会主义经济理论的发展过程最清楚地说明了这一点。

因此，谁是经济学的创新者？是我们大家。我们每一个学习经济学、研究经济学以及从事实际经济工作的人都参加了这一创新过程。这既是时代对我们的要求，也是我们的责任所在。我们坚信，马克思主义关于社会主义经济建设的理论是靠我们集体的力量和智慧加以丰富和发展的。我们的社会在发展，时代在前进，我们的经济理论不应该也不可能永远停留在今天已经达到的水平上。正是依靠着我国成千上万名学习经济学、研究经济学以及从事实际经济的人的集体努力，经济学才会不断有新的突破。

从这个意义上说，我们谁也不要轻视国内围绕着某些经济学理论问题和应用问题而开展的一次又一次学术讨论；我们谁也不要小看国内学术刊物上所发表的有关经济科学的一篇又一篇大大小小的文章，从专题论文到问题讨论，从读书心得到史料的考证；同样，我们谁也不要忽略那些并不曾公开发表的，而是通过工作总结、工作报告、社会经济调查、政策建议等等形式而提出的各种不同的观点。甚至经济学工作者之间的个人通信往来、个人之间的意见交流，也对经济学的创新起着某种有益的作用。就像万里长江一样，它的源头可能是无数细小的溪流，从发源地开始，直到注入大海之前，它容纳了多少条大河，而每一条大河又是由数不尽的较小的支流组成的，而任何一条支流的源头，也都来自细小的溪泉。经济学的创新过程正是这样。多少回讨论，多少篇文章，多少种建议和意见，多少次批评和自我批评，汇集到一起，最后才逐渐使问题条理化，理论化，规范化，才使人们对某方面的问题的认识达到比较新的境界。在这个创新过程中，离不开学术观点的交锋，离不开批评和自我批评。但经济学的创新过程同江河入海不一样。江河以入海为尽头，而经济学的创新则是无穷无尽的，它永远不会告终。

粉碎"四人帮"以后，特别是党的十一届三中全会以来，邓小平同志号召全党解放思想，冲破禁锢，回到实事求是的思想路线上来，并积极支持开展关于真理标准问题的讨论。这对于经济理论战线上的拨乱反正，扫除"左"的思想障碍起了决定性的作用。就党的十一届三中全会以来我国经济学界所开展的学术讨论而言，有关按劳分配问题的讨论、社会主义生产目的的讨论、集体所有制性质和形式的讨论、经济责任制的讨论、计划经济与市场调节之间关系的讨论、经济效益问题的讨论、经济发展战略的讨论等，都是在坚持解放思想和四项基本原则的前提下进行的。所有这些经济学问题的讨论，都不是只有少数几个人参加或由少数几个人包办代替。它们是群众性的学术讨论，具有广泛的群众基础。许许多多经济理论工作者和经济工作者以各种不同的方式参加了讨论，大家提看法，大家发表意见，讨论越来越深入，终于使人们对这些问题的看法明确多了。难道这不就是经济学的创新吗？至少是经济学的创新过程的一个组成部分吧。因此，我们大家都可以这么说：我们也曾参加了这些讨论，我们也曾为经济学的创新过程贡献了自己的微薄的力量。

（二）一个青年经济学爱好者需要
有什么样的知识基础？

在以前的几封信中，我已经多次提到，青年经济学爱好者有必要懂得经济学的伦理原则，了解经济学的"社会启蒙"作用和"社会设计"作用，逐步建立起经济学学习、研究者的时代感和社会责任感。现在，考虑到经济学的创新问题，所以一个青年经济学爱好者仅仅有时代感和社会责任感还是不够的，他还需要掌握经济研究所必备的基础理论、专业知识和技能，否则，单凭自己的那种责任感、那种热情，不仅做不出什么研究成绩，不可能在经济研究方面取得新的进展，甚至可以说，他的时代感很可能是朦朦胧胧的，他的社会责任感是空泛的，因为他还缺少在复杂的社会经济现象中明辨是非的能力。

为此，一个青年经济学爱好者有必要在自己的专业知识方面打下比较扎实的基础。这是他的必备的基本功。在我看来，对一个青年经济学爱好者而言，理论、历史、统计三方面的训练是必不可少的，他们只有通过学习（包括自学），在理论、历史、统计三方面都受到较好的训练之后，才能够使自己将来在经济学的探讨中做出成绩来。以前，我在大学学习经济学时，老师当时就是这样教导我们的。他们说："学习经济学，理论训练、历史训练、统计训练三者缺一不可。"我认为，他们的这番话，今天对于你们也是完全适用的。

这里所说的理论训练，是指应当学好马克思主义政治经济学。马克思主义政治经济学是马克思主义的三个组成部分之一，并且是马克思主义理论的最深刻、最全面、最详细的证明和运用，它是无产阶级政党制定纲领、路线、政策、策略的理论基础，是我们建设社会主义和共产主义的强大思想武器。只有掌握了马克思主义政治经济学基本原理，才能在建设社会主义的实践过程中使经济学研究工作不断前进。在这里，我认为你们应当重视《资本论》的学习。记得解放初我在上大学时，教员对《资本论》的教学抓得很紧，很认真，当时，我们都感到吃力，甚至有些不大理解教师为什么这样强调《资本论》的学习。但许多年过去了，今天回顾一下，我十分感激我们那位过早去世的教《资本论》课程的老师，因为他的严格要求，使我们在理论方面打下了初步的基础。这一点，我和我的同班同学是永远不会忘记的。

这里所说的历史训练，是指应当学好中外经济史和中外经济思想史，包括现代西方经济学说。缺乏经济史和经济思想史的基础知识，缺乏对现代西方经济学说的了解，不仅不可能对现实的经济问题有比较透彻的理解，而且也不可能牢固地掌握经济学的基础理论，因为政治经济学是一门历史科学，是研究人类社会经济关系发展规律的科学；政治经济学是一门批判的科学，它是在同形形色色的资产阶级、小资产阶级经济学说的斗争中发展起来的。因此，经济学工作者应当有广博的历史知识。在这里需要着重指出的是，在研究中外经济思想史的过程中，特别是在研究现代西方经济学说的过程中，一定要善于用唯物辩证方法，分清其中哪些是错误的，哪些是可供借鉴的，不然的话，有可能被一些貌似科学的论点所迷惑。

这里所说的统计训练，是指应当学好统计学，掌握必要的统计方法。在经济研究工作中，对情况和问题一定要注意到它们的数量方面，需要有基本的数量分析，而为了分析数量，必须善于利用统计方法，掌握决定事物性质的数量界限。经济研究中的质的分析和量的分析应当是结合的。当然，对广大的经济学青年爱好者来说，我并不主张一开始就埋头于数量分析之中，更不主张用量的分析来代替质的分析。但应当指出，在已经掌握了基础理论的前提下，在已经经过一定的统计训练之后，如果条件许可的话，是可以再深入一步，循着经济理论、数学、统计三者相结合的途径去进行经济计量的研究的。但科学的经济计量模型必须以科学的经济理论作为指导，统计和数学方法在这里是一种有用的工具，但如果不是在科学的经济理论指导下进行研究，那么即使数学模型再精炼，也很难说明经济的理论和应用问题。我们不应当忘记，我在前几封信中强调了经济学的伦理原则。单纯的数量分析往往把经济学的伦理原则排除在外，这就是数量分析的局限性，也是我们在进行现实经济问题分析所应当注意的。

　　有了时代感和社会责任感，又在理论、历史、统计三方面进行了较好的训练，掌握了经济研究所必需的基础理论、专业知识和技能，我相信，青年经济学爱好者们一定能够在研究中做出一定的成绩。在这里，我还需要说清楚，我所说的接受理论、历史和统计训练都包括自学在内。有志者事竟成，在经济学研究领域内，出现过不少自学成才的经济学家。爱好经济学的青年人，千万不要因为自己没有机会在大学中接受正规的经济学训练而感到失望。机会固然重要，但更重要的是毅力。而且，上大学不过四年，自学则是一辈子的事。下面在谈到经济学工作者知识结构的变化时，我们对自学的重要性就会看得更加清楚。

（三）经济学工作者的知识结构的不断变化

　　我们知道，在经济学发展的同时，其他学科（包括自然科学的各个学科和人文科学的其他各个学科）都在发展。所有这些学科，尽管在发展上不平衡，但总的说来，它们大体上是同步的，或接近同步的。各门学科之间相互影响，相互渗透，相互联系。一门学科取得了较大进展，其他学科不会长期处于落后状态，它们在受到直接或间接的影响之后，会很快地跟上来。这一点适用于经济学和其他学科之间的关系。因此，同经济学有着直接或间接联系的各门学科的进展，对于经济学有着重要的影响，它们推动着经济学的发展。这样，经济学所涉及的范围必将越来越广，经济学的分支必将越来越细，在经济学和其他一些学科之间将出现各种交叉学科、边缘学科。正如数学和历史学的进展曾经推动了经济学的发展并且正在继续推动经济学的发展一样，物理学、化学、生物学、心理学、社会学、法律学、地理学和工程技术科学等等的发展对经济学的发展的影响也是不容忽略的。像环境经济学、卫生经济学、教育经济学、海洋经济学、信息经济学等新的经济学分支或交叉学科、边缘学科的产生和发展，都应当被承认是经济学研究中的一种创新。

另一方面，随着经济学本身的发展，随着与经济学有联系的其他学科的发展，经济学工作者的知识结构也将是不断变化的。一个经济学工作者，如果他是在二三十年前学习经济学的人，当初的知识结构和现在一个经济系毕业生、研究生所具有的知识结构肯定是不一样的，正如二三十年以后学习经济学的人的知识结构肯定不同于今天学习经济学的人的知识结构一样。马克思主义政治经济学，同样需要随着时代的前进而发展。同马克思主义经济理论相结合的实际经济情况，一代一代也各有所不同。至于为经济学研究所必需的各种知识、技能和方法的发展，那就更是经常性的。因此，我们大家都需要不断地学习，这不仅是为了使自己不致落后于时代的要求，而且经济学学习、研究者的时代感和社会责任感也在促使我们努力学习新知识，不断实现知识的更新。知识更新与知识结构的变化是相互结合的。这意味着，一个经济学工作者，一方面需要用新的专业知识来替换原有的专业知识中那些老化了的、废旧了的部分，另一方面需要学习自己过去所不曾接触过的新的学科的知识，其中包括自然科学的知识，各种有关的交叉学科、边际学科的知识，以及学会利用新的研究方法。一个专业知识已经部分地老化而又不急于更新知识的经济学的研究者，即使他有高度的社会责任感，他又怎能使经济学起到"社会启蒙"和"社会设计"的作用？

在这里，我认为有必要强调这样一点，即使是一个在大学财经系科受过正规的专业训练的人，他毕业以后所增加的新的专业知识大部分是通过自学而得到的。在大学里学到的只是基础的知识。更重要的是毕业后的自学。好的大学教师，在知识方面所给予学生的，并不仅仅是基础的知识，而是一把能够用来打开知识大门的钥匙。学生有了这把钥匙，毕业后就可以比较顺利地走上继续学习经济学、研究经济学的大道。但这并不意味着一个不曾在大学里受过正规的经济学专业训练的人不能得到这种钥匙。好的青年自学指导书籍，不也是给青年人一把用来打开经济学知识大门的钥匙么？此外，自己也可以为自己制造一把这样的钥匙，许多自学成才的青年人，正是这样成长起来的。所以我们在不断实现知识更新时，主要依靠自学，我想，每一个成年的科学工作者都有这种体会。

青年经济学爱好者们必须虚心地向前辈学习。老一代经济学工作者的辛勤劳动，教出了新一代的经济学工作者。由于科学本身的进步，上一代和下一代在知识结构方面是不一样的。但青年经济学工作者并不只是向某一位老的经济学工作者学习，他们向许多位老的经济学工作者学习。以大学经济系目前的在校学生来说，他们不仅向一些经济学老师学习，他们也向数学老师学习，向讲授电子计算机课程的老师学习，向边缘学科的老师学习。如果他们还选修了一些自然科学课程的话，那么还要向自然科学的老师们学习。知识结构上各有局限性的不同的教师，教出了比较符合新一代知识结构要求的学生。同时，新一代的经济学工作者除了从老一代经济学工作者那里学习到知识而外，他们还在实践中学习，他们自己相互学习，他们向更年轻的一代经济学工作者学习。这样，新一代经济学工作者，完全有可能发现老一代经济学工作者研究中的薄弱环节，并且终于超过老一代经济学工作者。这种超过，通常是需要一个过程的：学生一开始往往以补充者的身份出现，然后修正和发展了老师的研究成果，或者开辟了新的研究领域，提出了新的论点，创造了新的研究方法。青出于蓝而胜于蓝，这是历史的规律。新一代经济学工作者如果不能超过老一代经济学工作者，经济学又怎能发展？新一代经济学工作者，如果不能在研究中做出新的成绩，经济学岂不是变成僵化的、不变的教条？

青年同志们曾经问我："一个经济学的学习、研究者应该具有什么样的知识结构？"应当承认，这是一个不容易回答的问题。我想，综合大学经济系本科学生的教学计划可以反映对当前经济学工作者的知识结构的要求。可以把目前综合大学经济系政治经济学专业的必修和选修课程分为五个类别：

一是理论课程。包括政治经济学原理、《资本论》、马列主义经典著作选读、哲学等。

二是历史课程。包括中国近代经济史、中共党史、中华人民共和国经济史、外国近代现代经济史、经济学说史、当代资产阶级经济学说（也就是经济学说史的最新部分）、中国经济思想史、国际共产主义运动史等。

三是工具课程。包括外语、逻辑、高等数学、会计、统计、线性规划、投入产出分析、经济预测方法、经济计量学、电子计算机语言、系统工程等。

四是现实经济课程。包括财政、货币与银行、工业经济、农业经济、商业经济、经济法、人口经济学、生产力布局理论、国民经济计划、国民经济核算、国民经济管理、企业管理、价格学、世界经济、国际贸易和金融、国别经济等。

五是知识课程。包括学生可以选修的一门到两门自然科学课程（如物理学、化学、地质学、天文学、生物学等），一门到两门社会科学其他学科的课程（如政治学、社会学、法律学、伦理学、美学等）。

当然，这并不是说一个大学经济系学生一定要把这些课程都学完，因为这里包括了一些选修课。一个自学经济学的青年人，他可以参照这样的课程表，在学好马克思主义政治经济学的基础上选择一些课目，认真自学，循序前进。只要有毅力，一定能逐渐掌握研究经济学所必备的专业知识。当然，这样一张课程表显然是不同于30年前我读大学时的课程表的。这反映了时代的进步和对经济学工作者的知识结构的新的要求。应当承认，面对这样一张课程表，我这个30年前的大学经济系的学生，深深感到自己的知识结构是不完全的，不少课程我当时并没有学过，已经学过的课程中，有些也已经知识老化。但这不要紧，一方面我还可以继续自学，努力去补救自己在知识结构方面的缺陷，另一方面，即使补救不过来，也不妨碍我们能教出未来可以超过我们的经济学工作者，因为正如我在前面已经谈到的，知识结构上各有局限性的不同的教师，作为一个集体，是肯定可以教出比较符合新一代知识结构要求的学生的。

（四）经济学学习、研究者的"拓荒能力"

为了在经济学研究中不断取得新的研究成果，一个经济学的学习、研究者仅仅有时代感和社会责任感是不够的，仅仅有比较扎实的基础知识是不够的。即使他的知识结构能够随着科学的进步和时代的前进而变化，他能建立比较符合时代的要求的知识结构，那也是不够的。一个经济学的学习、研究者必须具有在以马克思主义理论指导之下提出新问题，解决新问题，直到开辟某一方面的学术研究的新途径的本领。我在同我的学生们谈话时，喜欢用"拓荒能力"四个字来概括这种本领。我感到，当我们采用"拓荒能力"这四个字的时候，我们将会对经济学研究工作的性质有比较深入的理解，因为这样就把经济学研究本身看成是一件"拓荒的"工作，许多资料由我们去收集，许多问题靠我们去发现，新领域将由我们去开辟，新道路将由我们去探索，新的解答也将由我们提出。躺在前人的书本上，那是寸步难进的。

经济学学习、研究者的"拓荒能力"不是天生的，而是在学习、研究、实践以及相互交流的过程中逐步养成的。天才出自勤奋。关键在于独立思考。书读得再多而不独立思考，实际经验再丰富而不独立思考，遇到这种或那种社会经济现象而不独立思考，那就提不出新问题，也解决不了新问题，更谈不到开辟某一方面的学术研究的新途径了。所以说，不勤于独立思考，不善于独立思考的经济学学习、研究者，肯定是缺乏"拓荒能力"的。

一个经济学的学习、研究者在收集了大量资料并进行了统计方面的整理、加工和分析后，如果发现这些资料所能说明的与书本上已有的结论或前人的论断相吻合，那么这只是为已有的结论提供了新的论据和例证，它并不等于提出了新问题和回答了新问题。但是，如果他发现这些资料所能够说明的与书本上已有的结论或前人的论断不一致，而这些资料又是确凿无误的、经得起检验的，研究方法也是无懈可击的，那么，这里就包括了在经济学研究的某方面有新的进展或突破的可能性，因为他必须回答这样的问题：为什么这些资料所能够说明的与书本已有的结论或前人的论断不一致？对这种不一致怎样进行解释？

他必须进行独立的思考，提出假设。这里所说的假设，就是对于所发现的问题的一种解释。假设成为经济学研究中某一问题的创新的第一步。迈出这第一步是艰难的，但却是必不可少的。经济学中的一切新论点，在刚开始被提出时，都可以被看成是一种假设。没有假设，经济学研究不可能取得进展。

不进行独立思考的经济学学习、研究者，可能永远发现不了客观经济生活中存在的问题。更可能他永远提不出对于所发现的问题的新的解释。

但经济学研究中的任何假设在提出后，都需要验证。理论要由实践来检验。经济学研究中的假设没有经过验证，它始终只是一种假设。经济学总是在不断地假设与验证中前进。一个有"拓荒能力"的经济学学习、研究者，是善于根据实际资料与前人结论的不一致性而提出假设的人，也是善于通过实践来检验这些假设是否可以成立的人。在这里，一个提出假设的或对假设进行检验的经济学学习、研究者，自己应当成为自己的最不容情的质疑人。科学研究的严肃性要求每一个经济学学习、研究者做到这一点。你们也许会说，我在上面所说的这些，对一个青年经济学爱好者是不是要求太高了。也许是要求太高了，但我还是想说，你们今天是青年人，明天是中年人，并且有些很可能是在经济学研究方面做出了成绩的中年人，所以要求严一些更好。不要忘记，一个有社会责任感的经济学学习、研究者必须对科学负责。科学研究必须认真，严肃。

我们说，一个不勤于独立思考和不善于独立思考的经济学学习、研究者是缺乏"拓荒能力"的，但这并不等于说一个进行独立思考的经济学学习、研究者就一定能在经济学研究的"拓荒"工作中做出成绩来。提出假设需要知识和勇气，进行验证需要科学方法和毅力。但在经济学领域内，无论是提出假设和进行验证，都需要有马克思主义理论的指导。缺乏正确理论指导的独立思考，很可能把经济学的学习、研究者引到歧路上去，并且提出的假设和进行的验证都是站不住脚的。于是问题又一次回到经济学学习、研究者的知识基础和知识结构上来。我一直主张青年经济学爱好者先认真学习马克思主义政治经济学，打好理论、历史、统计三方面的基础，在这个基础上再进行独立的思考。

我认为，青年经济学爱好者要克服那种急于求成的情绪。我们说，经济学的创新有赖于集体的智慧和努力，我们大家都为经济学的创新贡献了自己的微薄的力量。但与此同时，我们也应该看到，一个经济学学习、研究者要提出与前人不相同的论点，并且要使这种论点经得起实践的检验，那也决不是一件轻而易举的事情。他必须为此付出辛勤的劳动。人类的文化史表明，20岁的青年人中，有的可以成为有成就的诗人和音乐家，但几乎全都不可能成为有成就的经济学家。

经济学的学习、研究者只有在对社会经济问题有比较深刻的了解，并且掌握了剖析社会经济现象的科学方法之后，才能真正做出成绩来。当然，这并不是说只有人到中年，才能成为一个有成就的经济学工作者，那样也未免把问题说得太绝对化了。我只是说：一个青年经济学爱好者在青年时期应当尽可能打好知识的基础，使自己有一个比较符合时代对经济学工作者的要求的知识结构，勤于思考，善于思考。在经济学研究中起步时，宁肯步子稳一些，慢一些，踏踏实实地前进，这样更有利于将来的成长。我相信，如果循着这样一种方式前进，以后出成果时，将会涌现一批成果，而不只是一项成果，是连续性的成果，而不只是孤立的、一次性的成果。我想，这样的说法大概是比较恰当的：一个有成就的经济学工作者必定是一个对社会经济问题有比较深刻了解的人；年龄的大小同对社会经济问题了解的深刻程度并不是一回事，但多多少少仍有一定的关系；年纪很轻就对社会经济问题有比较深刻的了解从而做出了成绩的经济学家，不能说绝对没有，但毕竟人数很少。因此，希望大多数青年经济学爱好者不要急于求成，不要总是想过早地提出什么"新论点"，来一个"一鸣惊人"。华而不实，是不符合经济学研究的学风的。

第十二封信
经济学的前景

×× 同志：

你还记得吗？我给你的第一封信，用了这样一个标题："从现代西方经济理论的危机谈起"。西方经济理论的危机，这不仅是某些资产阶级经济学家的一种悲叹，而且也是西方经济学当前实际情况的写照。西方经济学如今确实已陷入困境之中。

与资产阶级庸俗经济学的没落形成鲜明对照的，是马克思主义经济学的光辉前景。我之所以用"光辉"两个字，正因为这完全符合马克思主义经济学发展的实际情况。在这封信中，我所要说的，首先就是这个问题。

（一）能够解决现实经济问题的
经济理论才会有光辉的前景

从经济学说史的角度来看，一种经济理论能不能有光辉前景，不是看这种理论的历史多么长久，不是看这种理论当时的信奉者和鼓吹者拥有多大的支配人力和物质资源的权力，也不是看这种理论的创始人曾经享有多大的名声，或者它目前的"大师"占据多高的学术地位。以资产阶级经济学说史上的情况作为例子，任何一种后来在一定历史时期内占据主流地位的经济理论，当它们刚出现时，它们总是处于非主流的甚至异端的地位。在重商主义理论流行的时候，出现了最初的资产阶级古典经济理论的代表者，他们不同意把流通领域作为经济学考察的主要领域，不认为财富来自对外贸易的利益，不承认资本就是财富这一流行准则，而主张把经济学的研究中心转移到生产领域中来，因此他们的经济学说当初是一种异端。但以异端形式出现的资产阶级古典经济学终于以其科学成分的存在而战胜了重商主义，成为 18 世纪末至 19 世纪初的资产阶级经济学的主流派。我们还可以看到, 20 世纪 30 年代凯恩斯经济理论出现时，它也是一种不同于主流派的理论的异端学说，因为主流派认为资本主义经济完美无缺，主张国家不干预经济生活，而凯恩斯则认为资本主义经济在通常情况下会存在失业，国家对经济生活的干预是不可少的。尽管以凯恩斯经济学代替凯恩斯以前的资产阶级主流派的理论，无非是以一种庸俗经济理论代替另一种庸俗经济理论，但这一替代过程至少说明了这样一点：被资产阶级认为已经不适应需要的经济理论，不管过去有多长的历史或曾经享有多大的声誉，拥有多少信奉者，也同样会被毫不容情地抛到一边。而今天，正因为当代资产阶级经济学说中，没有哪一派的经济理论能被用来使资本主义国家摆脱通货膨胀与失业并发症的困境，所以，关于当代西方经济理论陷入了困境的说法是有根据的。

当然，我们说当代西方经济理论陷于困境，这是就它的整个理论体系而言的。我们说当代西方经济学家不能解决当前资本主义社会中的通货膨胀与失业问题，这也是指他们的理论体系和政策体系而言的。正如我在以前的信中曾向你谈过的，经济学研究可以分为若干层次，在某些层次上，当代西方经济理论对于实际经济中的工作是有用的；西方经济学家在研究经济管理、部门经济、技术经济等问题时，也是能够发挥作用的。对这些，我们不应该采取简单化的态度。资产阶级经济学家如果根本不能帮助资本主义国家的企业单位改进经济管理，提高经济效益，使资产阶级获取更多的剩余价值，如果他们纯粹是些空谈家，那么他们就不会受到企业单位的重视，资本主义国家就不需要一年出那么多种经济学刊物、书籍，或者，即使出版了那么多刊物、书籍，也不会有多少人订阅、购买。如果说资产阶级经济学家不能为资产阶级政府出主意，想办法，提供对策，设计方案，那么资本主义国家的政府部门就不会任命经济学家来作为大大小小的负责官员，或者聘请他们作顾问、当咨询。换句话说，假定资产阶级经济学说在任何层次上都是荒诞无稽的、不值一谈的，那么资本主义国家就不会需要那么多人去研究经济学。资产阶级固然需要有一些经济学家来粉饰现状，欺骗劳动人民，向他们劝说，要他们接受现行的资产阶级统治。但一个国家只需要少数这样的“经济学宣教师”就够了。这说明，从总体上说，从整个理论体系来看，当代资产阶级经济学是没有前途的，它已经陷入了困境，但在某些层次上，在某些与部门经济、技术经济、经济管理、经济计量有关的具体研究领域内，当代资产阶级经济学仍然在继续发展之中，它并没有在一切方面都停滞不前。不仅今天，甚至在以后，资产阶级经济学家仍有可能在某些具体问题的研究中有新的成果。

马克思主义经济学是无产阶级的经济学，是为无产阶级服务的科学的经济理论。马克思主义经济学是无产阶级政党用作制定纲领、路线、方针、政策的理论基础，因此它必然在无产阶级和劳动人民为推翻资本主义制度、建设社会主义和共产主义进行斗争的基础上不断发展。无论在总体上，还是在具体的应用问题的研究中，马克思主义经济学都将随着革命实践的进展而不断发展，这是它的强大的生命力的源泉，也是它具有光辉前景的依据。

　　前面几封信中都曾谈到，马克思主义不会停滞在目前的水平上。那些以经院方式来对待马克思主义的人，那些以为"经典著作中没有谈到的问题，我们不应该讨论，经典著作中没有用过的术语，我们不应该使用"的人，当他们不是把马克思主义当作行动的指南，而是把马克思主义当作教条，当他们不知道必须用马克思主义理论联系实际，而只知道断章取义地搬用这一句或那一句经典作家的语录，不分场合地用它来"阐释"任何想要说明的问题的时候，或者当他们一看到其他人通过实际调查或研究而得出与自己原来的想法不一致的结论，于是就不管别人的这个结论是怎样得出的，而是习惯性地去翻书本，想用书本上的某一句话来证实自己原来的想法的正确，而其他任何与此不一致的论点都是荒谬绝伦的时候，他们并不是在维护马克思主义，而是在阻碍马克思主义基本原理与实际情况的结合，阻挠马克思主义的发展。在他们那里，经济学确实是没有任何起色，没有任何前途的，但这样的经济学，决不是马克思主义的经济学。

　　新中国成立三十多年的经验教训告诉我们，在我国社会主义经济建设中，凡是遵照马克思主义，符合科学社会主义原理，结合中国实际情况的，就使我们的经济建设工作有成绩，使我们在实现社会主义社会目标方面有进展。反之，凡是背离马克思主义，违反科学社会主义原理，不适合中国国情的，必定使我们的经济建设工作受挫折，使劳动者的利益受到损害。这表明，问题不在于我们的社会主义制度和马克思主义思想本身，而恰恰在于我们没有遵循马克思主义原理，没有把马克思主义原理同中国社会主义革命和建设的实际相结合。特别是在"文化大革命"中，曾被当作修正主义或资本主义批判的许多东西，实际上正是马克思主义原理和社会主义原则。是非就这样被颠倒了，这个教训是我们永远不能忘记的。

党的十一届三中全会以来，党中央不断采取措施纠正"左"倾错误，对那些冒充为马克思主义和冒充为社会主义原则的东西做了清算，这才是对马克思主义的真正维护，对社会主义原则的真正维护。党的十二大肯定了党的十一届三中全会所制定的一系列方针政策，并且发出了全面开创社会主义现代化建设新局面的伟大号召。我们相信，在党的十二大精神的鼓舞下，我们将以改革的精神来建设有中国特色的社会主义。通过改革，将使我们的经济工作出现崭新的局面。沿着党的十二大指明的正确道路前进，我国经济的新的振兴时期必定会到来，到本世纪末，我国工农业总产值翻两番的战略目标必定会实现。可以预料，在我们这样一个有十亿人口，其中八亿是农民，脱胎于半殖民地半封建社会的大国，如果实现了四个现代化，实现了一个消灭了剥削，既有高度的物质文明，又有高度精神文明、高度民主的新型社会，这对世界上一切民族将会有无比的吸引力。我们之所以说马克思主义经济学有光辉的前景，正因为这一切都离不开马克思主义经济学的理论指导。

（二）一般的经济学学习、研究者能不能发挥作用？

在我国社会主义现代化建设的过程中，经济科学的前景光辉灿烂，一切有志于为祖国社会主义现代化建设贡献自己的力量的经济学学习、研究者都能在经济学的创新过程中做出成绩来。

但是，从你前几次来信中，我察觉到你和你周围的青年经济学爱好者，对自己能否在经济研究中发挥作用这一点，还抱着似信非信的态度。看来你们还有些疑虑。你在信里写道："像我们这样一些普普通通的青年人，即使有社会责任感，又能在经济研究中有什么作为呢？国家重大经济问题的决策，难道还用得着我们去操心？我们能够提出什么样的论点呢？即使提了，有谁听我们的呢？我们这些普普通通的经济学学习、研究者是起不了什么作用的。"有一次，一个青年同志曾对我说："如果我不是学经济学，而是学自然科学、工程技术，也许我能搞出些发明创造。可惜，我学的是经济学。我所从事的专业是与现实政治经济问题关系过于密切的专业，从而也是具有很大局限性的专业。在社会主义经济理论研究领域内，像我这样的普通人很难有什么作为。"

对你所说的这些，我是有感触的。大学毕业后不久，我也有过与你今天相类似的想法。在 20 世纪 50 年代后期的那些难忘的日子里，我看到一些经济学工作者，由于发表了坦率但却有利于社会主义经济建设的论点，而遭到不公正的批判。当时，我和一些当时与我年龄相同的青年经济学爱好者，都为此感到寒心。我想，如果不容许"被批判者"申辩和反批评，还谈得上什么科学的经济学研究？如果不容许学术问题自由讨论，经济学还剩下多少科学性？那时候，不用说普普通通的人了，就连那些在经济学界有影响的、学术上有成就的经济学家，又能有多少作为呢？如果他们想对经济工作提些建设性的建议，有谁听他们的呢？"文化大革命"开始后，经济学界的情况就更不必说了，经济学研究实际上被取消了。敢于维护马克思主义经济学原则的人，被批斗，被监禁。充斥于仅存的几家杂志上的，是打着毛泽东思想旗号来反对毛泽东思想的谬论。

那时候，你的年纪还小，对这些也许还了解得不多，但年龄比你稍大一些的经济学工作者，谁没有亲身的体会呢？

值得庆幸的是，这些都已经是过去的事了，这种把同志当作敌人来批斗的情况，今后不会重演了。曾经烜赫一时的打着毛泽东思想旗号反对毛泽东思想的"最革命"的理论家，早已被送上历史的审判台。他们的那套"最革命"的理论，也早已显出了原形。不仅如此，那种"最革命"的理论在今天的青年人中间，是没有市场的。以我在大学教学生活中的体验来说，如今青年人最反感的，是那种曾经流行于20世纪60年代后期的文风。那种满篇高调，摆出一副教训人的架势，气势汹汹，强词夺理，以势压人的文章，在今天的大学生中，没有人愿意去看它，因为白耽误时间，白浪费精力。而对于那种有分析，有论据，以理服人，与人为善的学术评论文章，包括对错误学术观点的自我批评文章，他们则是认真阅读、争先阅读的，并且他们愿意积极地参加各种重大的理论问题的讨论，为促进祖国科学文化事业的繁荣而努力。高等学校中的学风、文风的这种可喜的变化，我们能否认吗？

这一切无疑应该归功于党的十一届三中全会以后全国形势的改变。党的十一届三中全会以来，经济学界呈现出欣欣向荣的局面。在坚持和维护四项基本原则的前提下，学术讨论风气大开。有关经济改革的讨论，今天成为经济学研究中引人注意的课题。在实践是检验真理的唯一标准这个尺度下，有什么学术问题不能提到桌面上讨论？从我大学毕业以来，我感到现在才是最有利于开展经济学研究的时期。你在信上所谈到的那些情况，如果说是指20世纪60年代末到70年代中期而言，那我没有什么异议。如果说是指今天而言，那么在我看来，你的疑虑完全没有根据。我认为，在我国进行社会主义现代化建设的新阶段，经济学的研究者不是无所作为，而是大有可为的。

我国的社会主义现代化建设是多科性的综合研究课题。经济学研究者同其他学科，包括自然科学的研究者一样，都有充分施展自己才能的机会。我国经济和社会发展的大政方针，由党中央做出决策，但党中央的任何一项决策，都是集中人民智慧而做出的。决策的依据是信息。信息是多方面的，有赖于各行各业的专业工作者共同努力去收集、加工、整理、研究。这不是某一门学科单独能够完成的任务，而要有多学科共同探讨，提出各种可供选择的设想和方案，供决策部门参考。经济学研究者通过自己的研究而提出的各种看法，只要是有益于社会主义经济建设的，将受到决策部门的重视，供它们参考、选择。必要时，我们也可以把自己的研究成果直接寄给中央或地方的有关部门。有远见的决策者，总是希望广开言路，愿意经济学的研究者提出各种方案。决策部门需要经济学研究者出主意，规划未来，以加速社会主义现代化建设的进程。决策部门不怕方案提得多一些，只怕经济学研究者不敢提方案，不愿提方案，提不出方案。如果谁也不出主意，谁也不提方案，谁也不设计对策，也就无从决策了。如果经济学界沉默，经济学研究者不说话或无话可说，这是一个国家的不可估量的损失。

因此，现在的问题不是经济学的研究者不可能有所作为，提出的意见无人听取，而是经济学研究者能否消除以往多年来因经济学界不正常的状态而产生的顾虑，以高度的社会责任感，积极向决策部门提出自己的看法。

（三）经济学研究的"精密化"和"非精密化"

从经济学的发展趋势来看，我们应该看到，随着经济研究的越来越深入，随着自然科学的进展和各门学科之间相互联系的加强，经济学研究中的数量分析，将越来越受到重视。经济学研究是需要数量化的。各种数学和计算方法在经济学中的运用为经济学的数量分析提供了很好的条件。不仅经济学如此，其他一些社会科学也越来越需要运用数学和统计方法，需要有计量的研究。如果我们看不到这种趋势，或者我们认为只有西方资产阶级的经济学才需要数量化，马克思主义经济学不需要有数量方面的分析，甚至把经济学的数量化看成是西方经济学唯一具有的特色，那显然是错误的。为什么只有资产阶级的数量经济研究，难道就没有马克思主义的数量经济研究吗？难道我们不需要根据马克思主义政治经济学的基本原理，建立我们自己的数量经济学么？我想，回答是肯定的。在经济学的广阔领域中，某些新的学科我们现在还没有建立，但这并不等于说我们不需要这种新的学科，更不等于说我们不能建立以马克思主义理论为指导的这一学科。

不仅我们要建立自己的数量经济学，而且需要建立其他各个新的学科。两年前，在一次给经济系的研究生上课时，我说过：西方经济学中的一些新的学科正在形成或者已经形成了，比如说，消费经济学、教育经济学、卫生经济学、环境经济学、信息经济学等等；为什么我们不能建立以马克思主义理论为指导的、结合我国实际情况的、体现了我国的社会主义特色的这一系列新的学科？我们不去建立，谁去建立？我们不迈出第一步，谁迈出第一步？在这方面，我们应当有气魄，有抱负，眼光放远些，要有"当仁不让"的精神，要有"舍我其谁"的气概。当然，这里所说的"我"或"我们"，是包括我们大家在内的一个集体，是一大批有志于在经济学拓荒工作中做出成绩的人，一大批实干的，而不是追逐虚名浮誉的；勇于思考和探索的，而不是墨守成规、抱残守缺的；有真才实学的，而不是惯于买空卖空的经济学研究者。

关于经济学的前景，如果再做深入一步探讨，我想提出自己的一些不成熟的看法。我不把经济学的数量化看成经济学研究的唯一趋势，因为数量化概括不了未来经济学研究的动向。那么，是不是说经济学研究的前景将是数量化研究和非数量化研究并存呢？这种说法并不算错，但我感到它似乎过于笼统，反映不了今后经济学研究的特色。因此，我以为用经济学研究的"精密化"和"非精密化"来代替经济学研究的数量化和非数量化，更为恰当。我认为，经济学研究中"精密化"和"非精密化"的并存，将是今后长期存在的趋势。

我们知道，经济学研究中的数量化是有很大的局限性的。这种局限性主要在于：第一，经济学毕竟是社会科学，而不是自然科学，经济现象与自然现象也不一样，经济活动太复杂了。这样，在进行任何一种数量分析之前，都必须作一系列的假设，并以此作为分析的前提条件。然而，正因为数量分析的结果是在作了这些假设之后得出的，所以数量分析的结果与客观经济现实之间仍有一定的差距。数学的最优解也就不一定是现实经济生活中有关问题的最优解。第二，经济生活中有不少难以被我们预见到的因素在起作用，我们不可能不考虑这些因素的作用。社会不等于实验室，社会是复杂的集合体，很多情况不能用数学的语言来表述。比如说，除了政治和自然灾害给经济活动带来不确定性而外，人们的经济行为实际上也是不确定的。人们有时按照"常规"行事，有时又不按照"常规"行事，有时甚至还反其道而行之。因此，人们的经济行为有时候很难预测。在数量经济学家的稿纸上是准确无误的推导，是无懈可击的结论，但一拿到实际生活中去运用，却很难被认为是灵验无误的。正由于经济学的研究中很多东西不能够数量化，很多东西不能事先预料到，所以严格说来，没有一个经济计量模型（特别是宏观经济计量模型）能称得上十分准确。要使它那么准确，也是做不到的。

这些就是经济学的数量化的局限性。但我们不妨进一步想一想，经济学的数量化不正是为了使经济学的表述更加精确吗？不正是为了使经济学的研究成果成为精密的研究成果吗？问题不在于有没有可能使经济学中所有的表述都那么精确。问题在于有没有必要使经济学中的所有的表述都那么精确。

　　经济学中有许多问题需要粗线条的研究。粗线条研究，不仅是可行的，而且在某些情况下甚至是必要的。举一个例：我们既需要利用显微镜来观察，也需要凭肉眼来直接观察。从精密性的角度来看，显微镜下的观察当然比肉眼直接观察要精密得多。但并不是在任何情况下都是如此。用肉眼直接观察，有些东西可以看得更加清晰。此外，我们还需要像从飞机上朝下看一样地进行观察。从飞机上朝下看，虽然看得并不清楚，但看得远，能看出一个趋向，看出山峦的起伏，河流的走向，看出大地的整个轮廓。显微镜能帮助我们做到这一点吗？当然不能。所以显微镜下的观察是有用的，但它永远代替不了肉眼的直接观察。对于某些经济现象，我们更需要的也许是这种粗线条的观察，能有一个大体上的了解就够了。经济学研究的"非精密化"有"非精密化"的好处，正如"精密化"有"精密化"的好处一样。事实上，太精确的分析不仅在许多经济问题的研究中是不必要的，而且太精确等于不精确，过于精密反而会得到相反的后果。比如说，在资本主义国家中，究竟什么样的人算是失业者？人们能给予精确的回答吗？如果有人说，凡年满十八周岁而又三个月没有工作的人，算是失业者。看来这是一个精确的定义。请问，十七岁零十一个月而又三个月没有工作的人算不算失业？年满十八周岁但两个月零二十九天没有工作的人，又算不算失业？这样看来，关于失业的精确的定义难道真的精确吗？又比如说，在资本主义国家的某些决策者的心目中，如果说，5%的年通货膨胀率被认为是一个临界点，超过了5%就被认为有必要采取国家干预措施来加以抑制，不足 5% 则国家不必予以过问，因为公众被认为可以容忍这样的年通货膨胀率。如果真的是这种情况，那么请问：4.99% 的年通货膨胀率与 5.01% 的年通货膨胀率究竟有多大的差别？同样的道理，4.98% 与 4.99% 相比，5.02% 与 5.01% 相比，又有多大差别？精确不又等于不精确了吗？类似的例子是很多的。我们在研究社会主义经济问题时，也会遇到一些并不需要过于精确的表述。比如说，我们应当维持财政收支的基本平衡，信贷的基本平衡，国际收支的基本平衡。这里所说的是基本平衡，"基本"二字是很重要的，它就是一种"非精密化"的表述。从宏观经济运行的角度来看，这就够了。不必要用数学语言来作精确的规定。过于精确的规定，对于宏观的经济管理不仅难以实现，结果流于形式，成为一种空谈，而且在实践中反而会造成一些人为的阻碍，对政策目标的实现不利。又比如说，在社会主义经济和社会发展过程中，国民经济的各种比例关系是不断变动着的，从静态的角度来看，我们也许可以制定一套有关部门结构、地区结构、就业结构、产品结构的最优比例，但静态的最优比例即使能够被制定出来，它们也不等于可能存在于经济生活中的比例关系，不等于有必要在经济生活中使之实现的比例关系。动态过程中的是否有最优比例，还是可以商榷的。即使有理论上的各种最优比例，但它们实际上未必存在。并且，我们是否有必要把现存的各种比例关系调整到尽善尽美、分毫不差的状态，这也大可怀疑，因为那样一来，不仅花费的代价太大，而且即使做到了，客观形势又变化了，尽善尽美的状态也就破坏了。在这里所需要的，同样是"非精密化"，而不是"精密化"。要知道，经济研究中的"非精密化"并不等于不做细致的分析，不作认真的研究，或者不做踏实的资料收集和整理工作。"非精密化"主要是指在研究中不要受传统的"最优"概念的束缚，不要被形式上的"精密"所蒙蔽，而忽略了对总体的了解。"精密化"和"非精密化"实际上既是两种不同的研究方法的区别，又是两种不同的研究指导思想的区别。在"非精密化"的研究中，考虑得更多的是实际的可行性问题。要知道，"精密化"不一定"可行"，"可行"不一定"精密化"。从这个意义上，"可行"就是"优"，精确但不可行，那就不是"优"。

因此，经济学研究中的"精密化"和"非精密化"这两种趋势的并存，不是以任何人的意志为转移的。它是经济学研究的特殊性的一种反映，也是经济学研究所要解决的任务向研究的方法提出的要求。有些研究课题需要"精密化"，也有一些研究课题需要"非精密化"，还有一些研究课题，需要同时从"精密化"和"非精密化"两个角度来进行探讨。从"精密化"的角度来分析，可以明确质的规定性和数量的界限；从"非精密化"的角度来分析，可以观察到一定的经济活动的产生背景、涉及范围、演变趋势和社会后果等等。说得较确切些，在经济学的研究中，属于较低层次的许多研究课题是需要"精密化"的研究的，但层次越高，"非精密化"研究所占的比重就会相应地增大。凡是属于最高层次的研究课题，例如我在以前的一些信中已经提到过的，有关社会的评价标准问题，有关经济行为的是非善恶的道德判断问题，有关劳动者的全面发展和他们在社会生活中的地位问题，有关经济学的任务和经济学学习、研究者的社会责任感问题等等，可以说，都需要"非精密化"研究。

如果我们不用经济学研究的高层次或低层次的说法，而用实证研究和规范研究的说法，那么我们也能理解经济学研究中的"精密化"和"非精密化"两种趋势的并存。这就是说，实证研究大体上同"精密化"的研究结合在一起，规范研究中则更多地需要"非精密化"的研究。因此，一个经济学的学习、研究者，既应当懂得"精密化"的重要性和局限性，也应当懂得"非精密化"的重要性和局限性。不应当对经济学研究中的这两种趋势中的任何一种趋势有片面的理解。

　　在这里还需要说明的是，"精密化"与"数量化"不是一回事，"非精密化"也不等于"非数量化"。"精密化"的研究中既包括数量分析，也包括质的分析；在"精密化"的表述中，量的分析和质的分析是结合的。同样的道理，"非精密化"的研究固然主要依靠质的分析，但它也并不排斥数量的分析。至于在不确定的社会经济现象中如何运用数量分析，以及规范研究中的数量方法可以在什么样的程度上被利用，在多大的范围内被利用，那么这方面的工作还需要经济学工作者和数学工作者共同努力去进行探讨。

（四）对青年经济学爱好者的一点希望

　　你也许会感到奇怪，这封信是讨论经济学的发展前景的，为什么我用了这么多笔墨来谈到经济学研究中的"精密化"和"非精密化"？我是这样考虑的：在青年经济学爱好者中间，我曾遇到两类思路敏捷，勤于学习，富有朝气的青年。一类青年人对经济学的数量化很感兴趣，可以说，他们简直有些迷恋于数学模型。他们认为经济学的唯一趋势就是用数学的语言来表述一切，认为只有依靠数学方法才能使经济科学成为"精密的科学"，而只有"精密的科学"才是真正的科学。另一类青年人对社会学、历史学、政治学、哲学很感兴趣，他们认为纯粹的经济现象是不存在的，纯经济分析是不解决问题的，所以纯粹的经济学研究也是没有意义的。他们主张把经济学、社会学、历史学、政治学、哲学沟通，以"社会科学百科全书派"的精神来研究经济问题，甚至准备开拓一条新的"社会学—历史学—政治学—哲学—经济学"研究途径。我对这两种类型的青年都有好感。我在同他们交往和谈话中，曾从他们那里学习到不少东西。但我感到，他们都有些"偏"。他们的弱点是把自己所喜爱的那种研究方法看成是唯一重要的研究方法，而不了解这种研究方法的局限性所在。有所侧重或有所偏爱都是允许的，但如果把这种侧重或偏爱推向极端，那就会形成一种偏见。偏见是阻碍经济学研究工作的开展的。因此，我曾专门为北京大学文理各科的青年经济学爱好者们作过一次报告，谈到经济学研究中"精密化"与"非精密化"的关系、量的分析和质的分析的关系，我希望青年经济学爱好者们在侧重或偏爱一种研究方法的同时，也重视另一种研究方法，最好也学会使用另一种研究方法；在认识经济学研究中数量分析和质的分析的关系时，应当了解数量分析和质的分析是相互联系的；在理解经济学的发展趋势时，应当懂得经济学研究中的"精密化"和"非精密化"两种趋势将长期并存。

在谈到经济学研究中量的分析和质的分析的关系时，有些青年同志曾经对我说："在过去这些年内，我们的经济学出版物中，量的分析太少了，质的分析太多了。"我感到，这种看法不能说没有根据，因为在过去这些年来的经济学出版物中，的确很不重视经济学的数量分析。但我并不完全同意他们的这种看法，我想把它换成另一种说法："在过去这些年内，我们的经济学出版物中，量的分析很不够，质的分析也很不够。"

为什么我要把"质的分析太多了"换成"质的分析也很不够"呢？这是因为，我感到不能把那些没有数量分析的经济学论文都看成是有质的分析的经济学论文。量的分析和质的分析不是非此即彼的。一篇文章，洋洋万言，里面没有量的分析，难道就一定有质的分析吗？应当说，一篇好的经济学论文，不外乎以下三种情况：一是，其中有好的量的分析；二是，其中有好的质的分析；三是，其中既有好的量的分析，又有好的质的分析。三种情况中的任何一种，都是好的经济学论文。但不可否认，也有这样的文章，尽管包括了一些统计数字，列出了一些方程式，但这并不等于进行了量的分析。或者，尽管满篇都是尽人皆知的大道理，但这也不等于进行了质的分析。至于那些做概念游戏的文章，那就更谈不到质的分析了。因此，文章中有没有量的分析或质的分析，不在文章的形式，而在文章的内容。文章中有没有好的量的分析或好的质的分析，则不仅要看它是不是提出了新的问题，还要看它采取的方法是不是科学，它的推导或论证是否严谨，它的结论是不是有创见和有说服力，它能否有助于解决实际中的问题，它是不是给读者以启发，它是不是在某一方面填补了过去学术研究中的空缺，等等。用这个尺度来衡量，我们过去的经济学出版物中，无论量的分析还是质的分析显然都是不够的。原因何在呢？正如我在这封信里已经谈过的，这不能责备我们的经济学工作者们，因为这首先和 20 世纪 50 年代后期到 70 年代中期这 20 年左右的特殊条件有关。在那种特殊条件下，科学的经济学研究得不到重视，甚至被取消了，哪里还谈得上什么好的量的分析和质的分析呢？只是到了党的十一届三中全会以后，我国经济学界的情况才大为改观。你看，运用马克思主义原理来分析中国革命和建设的实际问题的经济学论文不是越来越多了吗？既有量的分析、又有质的分析的经济学论文不是越来越多了吗？不是出现了一批好的量的分析和好的质的分析的论文吗？这清楚地说明，不是我们的经济学工作者没有能力，而是过去那种支配着整个学术界的不正常的风气禁锢了经济学工作者的研究工作，使他们无能为力。

我们可以肯定地说，今后 10 年、20 年，将是我国经济学繁荣昌盛的时代。社会主义现代化建设过程中出现的许许多多新问题，有待于广大经济学研究者去探讨，去解决。今天 20 多岁的青年经济学

爱好者，将是今后 10 年、20 年，在经济学研究中发挥重要作用的有
生力量。去年，北京大学经济系的一个学生，在全校举行的演讲比
赛中得了一等奖。他的演讲的主题是：这一代的青年学生中能够产
生第一流的经济学家吗？他的回答是：能够。的确是这样，时代将
造就一大批有成就的学者。这一代青年中，不但一定能产生为社会
主义现代化建设做出贡献、为祖国赢得荣誉、为科学事业开拓新路
的第一流的自然科学家和社会科学家，而且也一定能产生创作了不
朽作品的诗人、文学家、艺术家。这一代青年中，还将涌现出在各
条战线上做出成绩的无数先进人物。

　　对于爱好经济学的青年同志来说，珍惜你们的宝贵的青年时代，
是十分重要的。你们也许正在学校中学习，也许已经参加了工作。
你们或者正在接受正规的经济学专业训练，或者以自学的方式，正
在学习经济学的基础知识。但你们的共同点是：爱好经济学，决心
在我国社会主义经济建设中发挥自己的才能，为经济科学的发展贡
献自己的一份力量。我的这些信既是写给你的，也是写给广大的青
年经济学爱好者的。如果你从我写给你的第一封信读起，你一定会
感到，我的这些信始终围绕着一个中心问题，这就是：一个青年经
济学爱好者应当怎样学习经济学？这就是我同你一起探讨的主题。
记得我们从当前西方经济学的危机谈到了社会评价的标准；从社会
主义的社会目标，谈到了为实现这一目标所需要进行的努力；从经
济学学习、研究者的社会责任感谈到了对这种社会责任感的检验标
准；从经济学的生命在于创新，谈到了经济学的学习、研究者应当
具备什么样的知识和能力。最后，我们讨论了经济学的前景和这门
科学本身的发展趋势。从我的这些信中，你可以了解到，我所强调
的是：一个经济学爱好者，必须首先明辨经济行为的是非，必须首
先懂得什么是我们应该肯定的，什么是我们必须予以否定的，什么

是值得我们去争取实现的，什么是不值得我们羡慕和追求的。我们通常所说的经济学的伦理原则，就是指人们对这些是非问题的看法。我曾经对北京大学经济系的毕业生们说过："如果学了四年经济学，还不懂得什么是我们应当坚持的经济学的伦理原则，怎么能够说对经济学有所了解了呢？"

　　因此，我希望青年经济学爱好者在懂得了经济学的伦理原则和明辨了经济行为的是非的基础上，做一个勤奋的经济学爱好者，一个善于思考的经济学爱好者，一个紧密联系实际的经济学爱好者。有中国特色的社会主义靠我们集体的努力去建设，经济科学靠我们集体的智慧去创新，马克思主义靠我们集体的理论研究和实践的成果去丰富和发展。让我们大家在党的十二大精神的鼓舞下，为实现我们的宏伟的社会目标而贡献自己的一切吧。